CONTES

DE LA

REINE DE NAVARRE,

Avec une Notice biographique.

TOME PREMIER.

Paris.

DELONGCHAMPS, LIBRAIRE-ÉDITEUR,

RUE HAUTEFEUILLE, N° 30.

1833.

CONTES

DE

LA REINE DE NAVARRE.

I.

IMPRIMERIE DE PLASSAN ET COMP.,
RUE DE VAUGIRARD, N° 15.

CONTES

DE

MARGUERITE DE VALOIS,

REINE DE NAVARRE.

TOME PREMIER.

PARIS.
DELONGCHAMPS, LIBRAIRE-ÉDITEUR,
RUE HAUTEFEUILLE, N° 30.

1833.

NOTICE

SUR

MARGUERITE DE VALOIS,

REINE DE NAVARRE.

EXTRAIT DE LA BIOGRAPHIE UNIVERSELLE, ANCIENNE ET MODERNE, PUBLIÉE PAR L.-G. MICHAUD.

Marguerite de Valois, dont le vrai nom était Marguerite d'Angoulême, fille de Charles d'Orléans, duc d'Angoulême, et de Louise de Savoie, et sœur de François I^(er), naquit à Angoulême le 11 avril 1492, et fut élevée à la cour de Louis XII.

Cette princesse parlait très-bien les langues alors les plus célèbres, telles que l'espagnol et l'italien : elle reçut même de Paul Paradis, dit le Canosse, des leçons d'hébreu. Savante et polie, belle, douce et compatissante autant que spirituelle, elle fut tendrement chérie de François I^(er), qui l'appelait sa *mignonne*, et la *Marguerite des Marguerites*; il lui confia plusieurs négociations importantes, dans lesquelles elle ne se borna pas à des conseils judicieux. Elle était l'ornement de la cour de France; et lorsqu'elle parut à celle de Charles-Quint, on essaya de prendre pour modèle ces manières élégantes et gracieuses qui lui étaient naturelles, et qu'alors, comme aujourd'hui, les étrangers enviaient aux Français.

Brantôme fait un grand éloge de l'éloquence, des talents, de l'habileté de cette princesse, et de son dévouement absolu pour son frère ; mais il ne faut pas prendre à la lettre ce qu'il dit : « qu'en fait » de joyeusetés et de galanteries, elle mon- » trait qu'elle savait plus que son pain quo- » tidien. » Les *Contes* de la reine de Navarre sont, à la vérité, écrits d'une manière qui, aujourd'hui, nous paraît libre, mais qui, de son temps, ne s'éloignait point du bon ton de la cour et du langage des honnêtes gens; son style est même plus décent que celui de quelques sermons du temps, tels que ceux des Barlette, des Maillard et des Menot.

Marguerite épousa, en 1509, Charles IV, duc d'Alençon, prince du sang, qui lui était bien inférieur sous les rapports de l'esprit, des connaissances et du mérite. Ce prince survécut à la bataille de Pavie, qu'il contribua beaucoup à faire perdre; il mourut en avril 1525.

La vive tendresse de Marguerite pour le roi son frère, prisonnier en Espagne, et que ses chagrins y mirent aux portes du tombeau, l'avait déterminée à se rendre à Madrid, pour lui prodiguer ses soins et ses consolations, et pour tâcher d'obtenir sa liberté. Elle fut chargée seule des pleins pouvoirs de la régente sa mère, pour négocier avec Charles-Quint cette affaire importante, dans laquelle les grâces, l'éloquence, l'habileté même échouèrent devant la politique, l'astuce et la mauvaise foi. Elle repassa en France à la fin de novembre 1525, après avoir déjoué le projet déloyal que Charles-Quint avait eu de la faire arrêter.

En 1527 elle épousa Henri d'Albret, roi de Navarre, duquel elle eut Jeanne d'Albret, mère de Henri IV. Marguerite porta dans la Navarre ces talents et cette bienveillance qui font tant d'honneur aux princes et tant de bien aux peuples. Ses soins y firent prospérer l'agriculture et le commerce, fleurir les arts, et régner la justice ainsi par la sûreté. Mais l'asile qu'elle y ouvrit aux novateurs donna lieu d'élever des doutes sur ses opinions religieuses ; elle sauva long-temps Berquin et Étienne Dolet, qui finirent par être brûlés comme hérétiques. Elle protégea, contre les poursuites du parlement, de la Sorbonne et des lieutenants criminels, Jean Calvin, qui n'était pas encore chef de secte; Pierre Caroli, qui devint prieur de Sorbonne, et Roussel, son prédicateur, auquel le syndic de la Sorbonne attribuait des propositions hérétiques. Marguerite accorda aussi sa protection à Charles de Sainte-Marthe, à Jacques Lefèvre d'Étaples, à quelques autres savants, à

Érasme même, et surtout à Clément Marot.

Pendant son premier mariage, elle passait une grande partie de son temps à Alençon, qui lui eut les plus grandes obligations, et qui lui dut la tranquillité au milieu des persécutions qui, à cette époque, agitaient la France.

Le rang de Marguerite, ses talents, son influence, son mérite, l'amitié même du roi, ne la mirent pas toujours à l'abri des soupçons d'hérésie, et des attaques qui en étaient la suite. Les professeurs du collége de Navarre eurent, au mois d'octobre 1533, l'audace de la jouer publiquement sur leur théâtre, à Paris, et de la désigner comme une insensée que l'esprit de secte avait égarée. Le roi voulut faire arrêter les auteurs et les acteurs de cette comédie scandaleuse. Le principal, à la tête de ses écoliers, repoussa à coups de pierres les officiers du prince, dont Marguerite eut la générosité de fléchir le courroux. Cette attaque ne fut pas la seule que l'on dirigea contre elle; mais elle fut la plus éclatante. La Sorbonne la désigna positivement comme hérétique; et ce corps, alors si redoutable, parvint à faire partager son zèle au connétable de Montmorency, qui essaya inutilement d'aigrir le roi contre Marguerite.

C'est dans l'histoire de François Ier, par Gaillard, qu'il faut chercher le portrait le plus fidèle de la reine de Navarre; il la peint comme douce et tolérante, ne divisant pas les hommes en orthodoxes et en hérétiques, mais en oppresseurs et en opprimés, chérissant son frère, aimant passionnément les lettres, n'oubliant aucun service, ne négligeant aucun talent, et ne méconnaissant aucune vertu.

Amie des arts et de l'humanité, Marguerite bâtit le palais de Pau; elle y joignit des jardins magnifiques, dota les hôpitaux d'Alençon et de Mortagne-au-Perche; elle fonda en 1538, à Paris, l'hôpital de ces orphelins, que l'on appela les Enfants-Rouges. Excellente mère, tendre sœur, elle vécut dans une union parfaite avec le roi de Navarre, dont elle eut deux enfants ; le premier, qui était un fils, mourut à Alençon, en 1530 ; la seconde était Jeanne d'Albret, qui monta sur le trône de Navarre, et y déploya les plus nobles qualités.

Marguerite, après avoir vaqué aux affaires d'État, employait son loisir, soit à l'étude, soit à des ouvrages de tapisserie ; et, pendant ce temps, elle dictait à ses secrétaires les productions en vers et en prose qu'elle composait, ou bien s'entretenait de matières philosophiques et littéraires avec les savants et les poètes qu'elle admettait à son intimité. On sait qu'elle eut pour valets-de-chambre plusieurs hommes

d'esprit, tels que Bonaventure Desperriers, Clément Marot et quelques autres; ce qui faisait dire que la chambre de cette princesse était un vrai Parnasse. Elle mourut au château d'Odos, dans le pays de Tarbes, le 21 décembre 1549. Plusieurs prélats et quelques littérateurs composèrent son éloge; on frappa des médailles en son honneur. On disait d'elle « qu'elle était une Mar-
» guerite (*margarita,* perle) qui surpas-
» sait en valeur les perles de l'Orient. »
Ses poésies, quoique médiocres, lui firent donner le surnom, souvent prodigué, de dixième Muse.

Le meilleur de tous ses ouvrages est celui qu'elle ne destinait pas à l'impression, qu'elle avait composé pour s'amuser, à une époque où les Contes de Boccace obtenaient à la cour une grande faveur, et où, s'il faut en croire Brantôme, la reine-mère et madame de Savoie s'essayaient aussi dans ce genre de composition. Il fut publié pour la première fois en 1558, par Boistuau, dit Launay, sous le titre des *Amants fortunés*; c'est l'*Heptaméron, ou les Nouvelles de la Reine de Navarre*, ouvrage plein d'imagination et d'esprit, écrit avec facilité, et conçu à l'imitation du Décaméron de Boccace. On sait que La Fontaine n'a pas dédaigné de puiser dans les soixante-douze Contes en prose de la reine de Navarre, les ornements de quelques-uns des siens, et surtout le sujet de la Servante justifiée.

On conserve parmi les manuscrits de la Bibliothèque du Roi, 3 volumes in-folio de ses lettres.

Ses devises principales étaient : 1° un souci tourné vers le soleil, avec ces mots : *Non inferiora secutus ;* 2° un lis entre deux marguerites, avec cette inscription : *Mirandum naturæ opus.*

CONTES

DE LA REINE DE NAVARRE.

CONTES

DE

LA REINE DE NAVARRE.

———⋅◇⋅———

Le premier jour de septembre, que les bains des monts Pyrénées commencent d'avoir de la vertu, plusieurs personnes, tant de France, d'Espagne que d'ailleurs, se trouvèrent à ceux des Caulderets, les uns pour boire des eaux, les autres pour s'y baigner, et les autres pour prendre de la boue; choses si merveilleuses, que les malades abandonnés des médecins s'en retournent guéris. Ma prétention n'est pas de vous parler ni de la situation, ni de la vertu des bains, mais seulement de raconter ce qui sert à la matière que je veux écrire. Les malades demeurèrent à ces bains-là jusqu'à ce que, par leur amendement, ils reconnurent qu'ils pouvaient s'en retourner. Mais, vers le temps de ce retour, vinrent des pluies si excessives et si extraordinaires, qu'il semblait que Dieu eût oublié la promesse qu'il avait faite à Noé de ne détruire plus le monde par eau. Les maisons de Caulderets furent si remplies d'eau, qu'il fut impossible d'y demeurer. Ceux qui étaient venus d'Espagne s'en retournèrent par les montagnes du mieux qu'il leur fut possible, et ceux qui savaient les chemins furent ceux qui se tirèrent le mieux d'affaire. Mais les Français, pensant s'en retourner à Therbes aussi facilement qu'ils en étaient venus, trouvèrent les petits ruisseaux si enflés, qu'à peine purent-ils les passer à gué. Mais, quand il fallut passer le Gave béarnais, qui en allant n'avait pas deux pieds de profondeur, il se trouva si grand et si impétueux, qu'ils furent obligés de se détourner pour aller chercher des ponts ; mais, comme ces ponts n'étaient que de bois, ils furent emportés par la violence de l'eau. Quelques-uns se mirent en devoir de rompre la véhémence du cours pour se joindre plusieurs de compagnie; mais ils furent emportés avec tant de rapidité, que les autres n'eurent pas envie de les suivre. Ils se séparèrent donc, ou pour chercher un autre chemin, ou parce qu'ils ne se trouvèrent pas de même avis. Les uns traversèrent les montagnes, et, passant par l'Aragon, vinrent dans la comté de Roussillon, et de là à Narbonne ; les autres s'en allèrent droit à Barcelone, et passèrent par mer, les uns à Marseille, les autres à Aigues-Mortes. Une veuve de longue expérience, nommée Oysille, résolut de bannir de son esprit la crainte des mauvais chemins, et se rendit à Notre-Dame de Serrance, persuadée que, s'il y avait moyen d'échapper d'un danger, les moines devaient le trouver. Elle eut des peines infinies; mais enfin elle y arriva, après avoir passé par des lieux presque impraticables, et si difficiles à monter et à descendre, que, nonobstant son grand âge et sa pesanteur, elle fut contrainte de faire la plus grande partie du chemin à pied. Mais la pitié fut que la plupart de ses gens et de ses chevaux moururent en chemin, et qu'avec un homme et une femme seulement elle arriva à Serrance, où elle fut reçue des religieux avec beaucoup de charité.

Il y avait aussi parmi les Français deux gentilshommes qui étaient allés aux bains, plus pour accompagner les dames qu'ils aimaient, que pour le besoin qu'ils avaient de se baigner. Ces gentilshommes, voyant que la compagnie partait, et que les maris de leurs maîtresses les emmenaient séparément, jugèrent à propos de les suivre de loin sans s'en ouvrir à personne. Les deux gentilshommes mariés étant un soir arrivés avec leurs femmes chez un homme plus bandit que paysan, les deux jeunes gentilshommes, qui s'étaient logés à une borderie tout proche, entendant un grand bruit vers le minuit, se levèrent avec leurs valets, et demandèrent à leur hôte ce que c'était que ce tumulte. Le pauvre homme, qui n'était pas sans peur, leur dit que c'était des garnements qui venaient partager la proie qui était chez le bandit leur voisin. Les gentilshommes prirent incontinent leurs armes, et coururent avec leurs valets au secours des dames, s'estimant beaucoup plus heureux de mourir avec elles, que de vivre sans elles. En arrivant chez le bandit, ils trouvèrent la première porte rompue, et les deux gentilshommes et leurs femmes se défendant vigoureusement. Mais, comme le nombre des bandits était le plus grand, et que les gentilshommes mariés étaient fort blessés, et avaient déjà perdu une bonne partie de leurs valets, ils commencèrent à prendre le parti de se retirer. Les amants, mettant la tête aux fenêtres, virent les deux dames pleurant et criant si fort, que, la pitié et l'amour leur inspirant un nouveau courage, ils se jetèrent sur les bandits comme deux ours enragés qui descendent des montagnes, et frappèrent avec tant de fureur, qu'un grand nombre des bandits étant déjà sur le carreau, le reste lâcha le pied, et se retira en lieu qui ne lui était pas inconnu. Les gentilshommes, ayant défait ces garnements dont l'hôte était l'un des morts, et ayant appris que l'hôtesse valait encore moins que son mari, l'envoyèrent après lui par un coup d'épée; et étant entrés dans un chambre basse, ils trouvèrent un des gentilshommes mariés qui rendait l'esprit. L'autre n'avait point eu de mal, et en avait été quitte pour ses habits percés et pour son épée rompue. Le gentilhomme, voyant le secours que ces deux lui avaient donné, après les avoir embrassés et remerciés, les pria de ne le point abandonner; ce qu'ils lui accordèrent bien volontiers. Après avoir fait enterrer le mort, et consolé sa femme du mieux qu'ils purent, ils partirent sous les auspices de la Providence, ne sachant où ils allaient.

Si vous voulez savoir le nom des trois gentilshommes, le marié se nommait Hircan, et sa femme Parlamente. La veuve avait nom Longarine; l'un des jeunes gentilshommes s'appelait Dagoucin, et l'autre Saffredant. Ils furent à cheval toute la journée, et découvrirent sur le soir un clocher, où ils se rendirent du mieux qu'ils purent, non sans travail et sans peine. L'abbé et les moines les reçurent humainement. L'abbaye se nomme Saint-Savin. L'abbé, qui était de fort bonne maison, les logea honorablement dans son appartement, et les pria de lui raconter leurs aventures. Après lui en avoir fait le récit, il leur dit qu'ils n'étaient pas les seuls infortunés, et qu'il y avait dans une autre chambre deux demoiselles qui avaient eu pareille ou plus fâcheuse destinée. Les hommes, ajouta l'abbé, ont encore quelque compassion, mais les bêtes n'en ont point; et ces pauvres dames à demi-lieue en deçà de Peyrchite ont rencontré un ours qui descendait de la montagne, et ont pris la fuite à toute bride, en sorte que leurs chevaux sont tombés morts sous elles en entrant ici. Deux de leurs femmes, arrivées long-temps après elles, leur ont appris que l'ours avait tué tous leurs domestiques. Les deux dames et les trois gentilshommes entrèrent ensuite dans la chambre des demoiselles. Ils les trouvèrent pleurant, et virent que c'était Nomerfite et Émarsuite. Ils s'embrassèrent les uns les autres, et après s'être conté leurs aventures, ils commencèrent à se consoler par les sages exhortations du bon abbé, comptant pour beaucoup de s'être si heureusement retrouvés. Le lendemain ils entendirent la messe avec beaucoup de dévotion, et rendirent grâce à Dieu des périls dont il les avait délivrés. Dans le temps que tout le monde était à la messe, on vit entrer dans l'église un homme en chemise, fuyant comme si quelqu'un l'eût poursuivi, et criant au secours. Hircan et les autres gentilshommes allèrent d'abord à lui pour voir ce que c'était, et virent deux hommes qui le suivaient l'épée à la main. Ceux-ci, voyant tant de gens, voulurent prendre la fuite ; mais Hircan et sa compagnie les suivirent de si près, qu'ils y laissèrent la vie. Hircan de retour, il se trouva que l'homme en chemise était un de leurs compagnons, nommé Guebron. Il leur conta comme, étant à une borderie, près de Peyrchite, il était arrivé trois hommes qui l'avaient pris au lit ; qu'il avait sauté en chemise à son épée, et blessé tellement un d'eux, qu'il avait demeuré sur la place ; que, tandis que les deux autres étaient occupés à secourir leur compagnon, Guebron se voyant un contre deux, lui nu et eux armés, crut que le plus sûr était de chercher son salut dans la fuite, d'autant mieux que ses habits ne l'empêchaient point de fuir. Il loua Dieu de sa délivrance, et remercia ceux qui l'avaient vengé de son ennemi. Après qu'on eut entendu la messe et dîné, ils envoyèrent voir si l'on ne pourrait point passer la rivière de Gave. Voyant donc qu'il était impossible de passer, ils furent fort consternés, quoique l'abbé les priât plusieurs fois de demeurer chez lui jusqu'à ce que les eaux fussent baissées; ce qu'ils ne voulurent jamais promettre que pour ce jour-là.

Sur le soir, comme on allait se coucher, il arriva un vieux moine qui venait régulièrement tous les ans à Serrance, à la Notre-Dame de septembre. On lui demanda des nouvelles de son voyage; il dit qu'à cause des grosses eaux, il était venu par les montagnes, et avait passé par les plus mauvais chemins qu'il eût jamais vus ; mais qu'il avait vu quelque chose de bien triste, c'est qu'il avait rencontré un gentilhomme nommé Simontault, lequel, ennuyé du long débordement de la rivière, avait résolu d'en tenter le passage, comptant sur la bonté de son cheval, et avait fait mettre ses domestiques autour de lui pour rompre l'eau ; mais, qu'étant au gros courant, les plus mal montés avaient été emportés, et n'étaient plus revenus. Le gentilhomme, voyant l'accident arrivé aux siens, se mit en devoir de regagner le rivage d'où il était parti. Son cheval, tout bon qu'il était, lui manqua au besoin ; mais heureusement cela arriva si près du rivage, que le cavalier, non sans boire beaucoup d'eau, se traînant à quatre pieds, se rendit enfin sur les cailloux, mais si las et si épuisé, qu'à peine pouvait-il se soutenir.

Un berger qui remenait le soir ses brebis aux champs, le trouva assis sur les pierres tout mouillé, et non moins triste des gens qu'il avait vu périr, que d'avoir pensé périr lui-même. Le berger qui comprit sa nécessité, et à le voir et à l'entendre, le prit par la main, et le mena à sa cabane, où il fit un petit feu, et le sécha du mieux qu'il put. Le soir même la Providence mena à la cabane le vieux religieux, qui lui enseigna le chemin de Notre-Dame de Serrance, et l'assura qu'il y serait mieux logé qu'ailleurs, et y trouverait une veuve nommée Oysille, à laquelle il était arrivé une aventure aussi fâcheuse que la sienne. La compagnie témoigna une joie extrême au nom d'Oysille et de Simontault, et tout le monde loua Dieu de ce qu'il avait sauvé les maîtres après la perte des serviteurs. Parlamente en eut une joie particulière, car elle avait eu autrefois de l'estime pour Simontault. Ils s'enquirent avec soin du chemin de Serrance, et, quoique le vieillard le leur fît fort difficile, ils ne laissèrent pas de partir dès le jour même, si bien pourvus de toutes les choses nécessaires, qu'ils n'avaient plus rien à désirer. L'abbé leur fournit les meilleurs chevaux qui fussent en Lavedan, de bonnes capes de Béarn, force vivres, et bonne escorte pour les mener sûrement au travers des montagnes. On les passa plus à pied qu'à cheval, et l'on arriva enfin après bien des peines et des travaux à Notre-Dame de Serrance. Quoique l'abbé fût d'assez mauvaise composition, il n'osa refuser de les loger, craignant de désobliger le seigneur de Béarn, duquel il savait qu'ils étaient considérés. Il leur fit donc le meilleur visage qu'il put, et les mena voir la dame Oysille et le gentilhomme Simontault. Chacun eut également de la joie de se voir ainsi miraculeusement rassemblés, et la nuit se passa à louer Dieu de la grâce qu'il leur avait faite. Après avoir pris vers le matin un peu de repos, ils allèrent entendre la messe et recevoir le saint sacrement d'union, par le moyen duquel tous les chrétiens sont unis en un, demandant à Dieu, qui les avait rassemblés par sa bonté, la grâce d'achever leur voyage à sa gloire.

Après dîner l'on envoya savoir si les eaux avaient baissé; mais, trouvant au contraire qu'elles étaient plus hautes, et qu'ils ne sauraient de long-temps passer sûrement, ils résolurent de faire faire un pont sur le bout de deux rochers fort proches l'un de l'autre, et où il y a encore des planches sur lesquelles passent les gens de pied, qui, venant de Cleron, ne veulent pas passer par le Gave. L'abbé, bien aise qu'ils fissent une dépense qui augmenterait le nombre des pélerins, leur fournit des ouvriers; mais il était si avare, qu'il n'y voulut pas mettre un denier du sien. Mais les ouvriers ayant déclaré qu'il fallait du moins dix à douze jours à faire le pont, la compagnie commença de s'ennuyer. Parlamente, femme de Hircan, toujours active et jamais mélancolique, ayant demandé permission à son mari de parler, dit à madame Oysille : Je m'étonne, madame, que l'âge vous ayant acquis tant d'expérience, que de l'heure qu'il est, vous tenez lieu de mère aux femmes ; je m'étonne, dis-je, que vous n'imaginiez quelque divertissement pour adoucir le chagrin que nous va causer un si long séjour ; car, à moins que nous ne nous occupions à quelque chose d'agréable et de vertueux, nous courons risque de tomber malades. Longarine, la jeune veuve, ajouta à cela : Le pis est encore que nous deviendrons fâcheuses, qui est une maladie incurable ; d'autant plus tôt qu'il n'y a personne de nous qui n'ait sujet d'être extrêmement triste. — Chacune n'a pas perdu son mari comme vous, répondit Émarsuite en riant. Pour avoir perdu des domestiques, il n'y a pas lieu à se désespérer, puisqu'on peut aisément les remplacer. Cependant je suis bien d'avis que nous passions le temps le plus agréablement que nous pourrons. Nomerfide, sa compagne, dit que c'était fort bien pensé ; et que, si elle passait un jour sans divertissement, elle serait morte le lendemain. Les gentilshommes trouvèrent la chose de leur goût, et prièrent la dame Oysille d'ordonner de ce qu'il y avait à faire.

Vous me demandez une chose, mes enfants, répondit la vieille dame, que je trouve fort difficile. Vous voulez que j'invente un divertissement qui chasse vos ennuis. C'est un remède que j'ai cherché toute ma vie, et n'en ai jamais trouvé qu'un, qui est la lecture des saintes lettres. C'est dans cette lecture que l'esprit trouve sa vraie et parfaite joie; et c'est de cette joie de l'esprit, que procèdent le repos et la santé du corps. Si vous me demandez ce que je fais pour être si gaie et si saine dans un âge si avancé, je vous dirai qu'aussitôt que je suis levée, je lis la sainte écriture. Je vois et je contemple la volonté de Dieu, qui a envoyé son fils pour nous prêcher cette sainte parole et nous annoncer cette bonne nouvelle, qui nous promet de nous pardonner nos péchés, et de payer nos dettes en nous donnant son fils, qui nous a aimé, qui a souffert, et est enfin mort pour nous. Cette idée me donne tant de joie, que je prends mon psautier, et chante de cœur et prononce de bouche, le plus humblement possible, les beaux cantiques que le Saint-Esprit a inspirés à David et aux autres auteurs sacrés. Le plaisir que j'en reçois me ravit tellement, que je regarde comme des biens, les maux qui m'arrivent tous les jours, parce que j'ai dans le cœur, par la foi, celui qui a souffert tous ces maux pour moi. Avant souper, je me retire pareillement pour donner quelque leçon à mon âme. Le soir, je fais la revue de tout ce que j'ai fait durant la journée : je demande pardon de mes fautes; je remercie Dieu de ses grâces, et me couche en son amour, en sa crainte et en sa paix, l'esprit dégagé de toute crainte. Voilà, mes enfants, quel a été depuis long-temps mon divertissement. Après avoir bien cherché, je n'en ai point trouvé de plus solide et de plus satisfaisant. Il me semble donc que si vous voulez vous donner tous les matins une heure à la lecture, et faire vos oraisons dévotement durant la messe, vous trouverez dans cette solitude les charmes qui peuvent être dans toutes les villes. En effet, qui connaît Dieu, trouve toutes choses belles en lui; et sans lui, tout est laid et désagréable. Ainsi je vous prie de me croire, si vous voulez trouver des agréments dans la vie.

Hircan prit la parole et dit : Ceux qui ont lu la sainte écriture, comme je crois que nous avons fait, confesseront, madame, que ce que vous dites est vrai; mais il faut aussi que vous considériez que nous ne sommes pas encore si mortifiés, que nous n'ayons besoin de quelque divertissement et exercice corporel. Quand nous sommes chez nous, nous avons la chasse qui nous fait oublier mille folles pensées. Les dames ont leur ménage et leurs ouvrages, quelquefois même la danse, qui sont des exercices honnêtes. Ainsi je suis d'avis pour ce qui regarde les hommes, que vous, comme la plus ancienne, vous lisiez le matin l'histoire de la vie de Notre Seigneur Jésus-Christ, et de ce qu'il a fait pour nous de grand et d'admirable. Après le dîner jusqu'à vêpres, il faut choisir quelque passe-temps qui ne soit pas préjudiciable à l'âme, et qui soit agréable au corps, c'est le moyen de passer gaiement la journée. La dame Oysille répondit qu'elle avait tant de peine d'oublier les vanités, qu'elle craignait de mal réussir dans le choix d'un pareil passe-temps, et qu'il fallait renvoyer la chose à la pluralité des voix; et vous, monsieur, dit-elle, parlant à Hircan, vous opinerez s'il vous plaît le premier.

Pour moi, répondit Hircan, si je croyais que le passe-temps que je voudrais choisir, fût aussi agréable à quelqu'une de la compagnie qu'à moi, mon avis serait bientôt dit; mais comme je crains que cela ne fût pas, je vous déclare que je n'ai rien à dire, et que je m'en rapporte à ce que les autres diront. Ce discours fit rougir sa femme Parlamente, parce qu'elle crut qu'il s'adressait à elle. Peut-être, Hircan, répondit-elle un peu en colère, et riant à demi, que celle que vous croyez la plus difficile, trouverait si elle voulait de quoi se récompenser; mais laissons-là le passe-temps auquel deux seulement peuvent avoir part, et cherchons quelque chose où tout le monde puisse entrer. Puisque ma femme a si bien compris ma pensée, dit alors Hircan aux dames, et qu'un divertissement particulier n'est pas de son goût, je crois qu'elle inventera mieux que personne un passe-temps qui accommodera tout le monde : ainsi je déclare à l'avance que je suis de son sentiment. Toute la compagnie en dit autant.

Parlamente voyant qu'on la laissait maîtresse du jeu, leur dit: Si je me sentais autant de capacité que les anciens qui ont inventé les arts, j'imaginerais un divertissement qui remplirait l'obligation où vous me mettez; mais comme je me connais, et que je sais que j'ai de la peine à me souvenir de ce qui s'est fait de bon autrefois, je m'estimerai heureuse si je puis suivre de près ceux qui ont déjà fait ce que vous souhaitez. Je crois qu'il n'y a personne de vous qui n'ait lu les Nouvelles de Boccace, nouvellement traduites en français. Le roi très-chrétien François Premier du nom, monseigneur le dauphin, madame la dauphine, madame Marguerite, en ont fait tant de cas, que si Boccace avait pu les entendre, les louanges que ces illustres personnes lui donnaient auraient dû le ressusciter. Je suis témoin que les deux dames que je viens de nommer, et plusieurs autres personnes de la cour résolurent d'imiter Boccace, si ce n'est en une chose, qui est de n'écrire rien qui ne soit véritable. Monseigneur et ces dames arrêtèrent d'abord d'en faire chacun dix, d'as-

sembler jusques à dix personnes, et de choisir
celles qu'ils croiraient les plus capables de conter
avec grâce, les gens de lettres préalablement
exclus, soit parce que monseigneur ne voulut
pas que l'art s'en mêlât, ou qu'il craignît que les
fleurs de rhétorique fussent en quelque manière
préjudiciables à la vérité de l'histoire; mais les
grandes affaires qui survinrent depuis au roi, la
paix conclue entre ce prince et le roi d'Angleterre, les couches de madame la dauphine, et
plusieurs autres dignes d'occuper toute la cour,
firent oublier ce dessein; mais comme nous
avons du temps de reste, nous l'exécuterons en
attendant que notre pont soit achevé. Si vous le
trouvez bon, nous irons depuis midi jusqu'à
quatre heures dans ce beau pré, le long de la
rivière de Gave, où les arbres font un couvert si
épais, que le soleil ne saurait le pénétrer, ni nous
incommoder par sa chaleur. Là, assis à notre

aise, chacun contera ce qu'il aura vu ou entendu dire à des gens dignes de foi. Dix jours suffiront pour faire la centaine. Si Dieu veut que notre travail soit trouvé digne d'être vu des seigneurs et dames que je viens de nommer, nous le leur présenterons à notre retour, et je suis persuadée qu'un tel présent ne leur déplaira pas. Toutefois si quelqu'un trouve quelque chose de plus agréable, je me rends à son opinion.

Toute la compagnie répondit qu'on ne pouvait imaginer rien de mieux, et chacun attendait le lendemain avec impatience. Dès que le matin fut venu, ils allèrent tous à la chambre de madame Oysille, qu'ils trouvèrent déjà en oraison. Ils donnèrent une bonne heure à sa lecture; après cela, ils entendirent la messe, et à dix heures ils allèrent dîner. Chacun ensuite se retira dans sa chambre, et y fit ses petites affaires. A midi chacun ne manqua pas de se rendre au pré qui était si beau et si agréable, qu'il faudrait un Boccace pour en dépeindre tous les charmes. Il suffit de dire qu'il n'y en eût jamais un pareil.

L'assemblée étant assise sur l'herbe verte, si molle et si délicate, que personne n'avait besoin ni de carreau ni de tapis : Qui sera celui de nous, dit alors Simontault, qui commandera aux autres? Puisque vous en avez fait l'ouverture, répondit Hircan, il est juste de vous déférer le commandement ; car au jeu tout le monde est égal. Plût à Dieu, réplique Simontault, que je n'eusse d'autre bien au monde que de pouvoir commander à une telle compagnie! Parlamente, qui comprit fort bien ce que cela voulait dire, se mit à tousser. Hircan s'aperçut qu'elle avait changé de couleur, et dit à Simontault qu'il commençât à conter, et qu'on l'écouterait. Simontault, sollicité par toute la compagnie, dit : J'ai été si mal récompensé de mes longs services, mesdames, que pour me venger de l'amour et de la belle qui me traite avec tant de cruauté, je vais faire un recueil des pièces que les femmes ont faites aux hommes; et en tout cela je ne dirai que la pure vérité.

I.

Une femme d'Alençon ayant deux amants, l'un pour le plaisir et l'autre pour le profit, fit tuer celui des deux qui s'aperçut le premier de ses galanteries, et obtint sa grâce et celle de son mari qui était en fuite. Le mari, pour sauver quelque argent, s'adressa depuis à un négromancien. La chose fut découverte et punie.

———◆———

Du vivant du dernier duc Charles, il y avait à Alençon un procureur nommé Saint-Aignan, qui avait épousé une femme du pays, plus belle que vertueuse. Quoique avec sa beauté elle eût beaucoup de légèreté, elle ne laissa pas d'être fort poursuivie d'un prélat, duquel par respect je tairai le nom. Le prélat, pour parvenir à ses fins, sut si bien entretenir le mari, qu'il ne s'aperçut ni du manége de sa femme, ni de celui du prélat : bien loin de s'en apercevoir, le prélat fit si bien, que le mari oublia l'attachement qu'il avait toujours eu pour ses maîtres. Il passa tout d'un coup de la fidélité à la perfidie, et en vint finalement aux invocations pour faire mourir la duchesse. Le prélat eut un long commerce avec cette malheureuse femme, qui l'aimait plutôt par intérêt que par amour; à quoi elle était sollicitée par son mari. Mais elle aimait si fort le fils du lieutenant-général d'Alençon, qu'elle en était demi-folle. Elle se servait souvent du prélat pour faire donner commission à son mari, afin de pouvoir voir à son aise le fils du lieutenant-général. Ce commerce dura long-temps, le prélat étant pour la bourse de la belle, et l'autre pour son plaisir. Elle jurait à ce dernier qu'elle ne recevait bien le prélat, que pour pouvoir lui continuer ses caresses avec plus de liberté; que, quoi qu'elle fît, le prélat n'avait eu que des paroles, et qu'il pouvait compter que personne que lui n'en aurait jamais autre chose. Un jour que le mari devait aller chez le prélat, elle lui demanda permission d'aller à la campagne, disant pour raison que l'air de la ville ne lui était pas bon. Elle ne fut pas plutôt à sa métairie, qu'elle écrivit au fils du lieutenant de ne manquer pas à la venir trouver vers les dix heures du soir. Le jeune homme n'avait garde d'y manquer; mais, en arrivant, il trouva la servante qui avait coutume de l'introduire, et qui lui dit : Cherchez fortune ailleurs, monsieur, car votre place est prise. Le galant, s'imaginant que le mari fût venu, demanda à la servante comme tout allait. Cette fille, voyant un homme bien fait, jeune et honnête, ne put s'empêcher de voir avec pitié qu'il aimât si fort, et qu'il fût si peu aimé, et de lui apprendre le manége de sa maîtresse, croyant qu'il se repentirait de l'avoir tant aimée, et ne l'aimerait plus si éperduement. Elle lui dit que le prélat ne faisait que d'entrer, et qu'il était couché avec sa maîtresse; qu'elle avait été trompée, et qu'elle n'attendait cette visite que le lendemain; mais que le prélat, ayant retenu le mari chez lui, s'était dérobé la nuit pour venir voir la belle. Qui fut bien consterné, ce fut le fils du lieutenant, qui ne le pouvait croire encore. Pour s'en éclaircir, il se cacha dans une maison voisine, où il demeura en sentinelle jusqu'à trois heures après minuit. Il vit enfin sortir le prélat, qui n'était pas si bien déguisé qu'il ne le reconnût mieux qu'il n'aurait voulu. Il revint à Alençon dans ce désespoir, et la belle y vint aussi bientôt après. Comme elle ne doutait pas de le duper comme à l'ordinaire, elle ne manqua pas de lui venir parler. Il lui dit d'abord d'un air dédaigneux, qu'ayant touché aux choses sacrées, elle était trop sainte pour parler à un pécheur comme lui, mais un pécheur si repentant, qu'il espérait que son péché lui serait bientôt pardonné. La belle, surprise de se voir découverte, et voyant que les excuses, les serments et les promesses de ne plus tomber dans la même faute, ne servaient de rien, s'en plaignit à son prélat. Après avoir long-temps délibéré, la belle vint dire à son mari qu'elle ne pouvait plus demeurer à Alençon, parce que le fils du lieutenant, qu'il croyait tant de ses amis, la poursuivait incessamment, et le pria, pour prévenir tout soupçon, de prendre maison à Argentan. Le mari, qui se laissait mener, y consentit aisément.

Ils n'eurent pas demeuré quelques jours à Argentan, que cette malheureuse fit savoir au fils du lieutenant, qu'il était le plus méchant de tous les hommes, et qu'elle n'ignorait pas qu'il médisait publiquement et d'elle et du prélat, mais qu'elle pourrait trouver moyen de l'en faire repentir. Le jeune homme, qui n'en avait jamais parlé qu'à elle-même, et qui craignait de se brouiller avec le prélat, monta à cheval, et s'en fut à Argentan, accompagné de deux valets seulement. Il trouva la belle aux Jacobins, où elle entendait Vêpres. — Je viens ici, madame, lui dit-il, pour vous protester devant Dieu que je ne me suis jamais plaint de vous qu'à vous-même. Vous m'avez fait un si vilain tour, que je ne vous ai pas dit la moitié des injures que vous méritez. Mais, s'il y a quelqu'un qui dise que j'aie mal parlé de vous, je suis ici pour lui en donner le démenti devant vous. Elle, voyant qu'il y avait beaucoup de monde à l'église, et qu'il était accompagné de deux bons hommes, se fit violence, et lui parla le plus obligeamment qu'il lui fût possible. Elle lui dit qu'elle ne doutait point de la vérité de ce qu'il disait; qu'elle le croyait trop honnête homme pour dire du mal de qui que ce fût, et encore moins d'elle, qui l'aimait toujours; mais, que comme il en était revenu quelque chose à son mari, elle le priait de vouloir dire devant lui qu'il n'en avait jamais parlé, et qu'il n'en croyait rien. Il y consentit volontiers, et se mit en devoir de lui donner la main pour la conduire chez elle; mais elle le pria de ne la pas accompagner, de peur que son mari ne crût qu'elle lui eût fait sa leçon. En disant cela, elle prit un de ses gens à la manche, et dit: Laissez-moi celui-ci, et quand il sera temps, il viendra vous quérir. Vous pouvez en attendant aller vous reposer à votre logis. Comme le cavalier ne se défiait point de la conspiration, il fit sans répugnance ce qu'on voulut. La belle régala le valet qu'elle avait retenu, et le compère, qui se trouvait bien, lui demandait souvent s'il n'était pas bientôt temps d'aller quérir son maître? Elle lui répondit toujours qu'il viendrait assez tôt.

Minuit étant sonné, elle envoya sans bruit quérir le galant par un de ses domestiques. Le cavalier, qui ne se défiait de rien, vint sans faire aucune difficulté chez Saint-Aignan, où était la belle avec le valet qu'elle avait emmené, si bien qu'il n'en avait qu'un autre avec lui. A l'entrée de la maison, le guide lui dit que sa maîtresse voudrait bien l'entretenir avant qu'il parlât à son mari; qu'elle l'attendait dans une chambre avec un seul valet, et qu'il ferait fort bien de renvoyer le sien; ce qu'il fit. En montant par un petit degré fort obscur, le procureur, qui avait mis des gens en embuscade, entendant le bruit, demanda ce que c'était. On lui répondit que c'était un homme qui voulait entrer chez lui en cachette. D'abord un nommé Thomas Guerin, assassin de profession, et pour lors aux gages du procureur, se jeta sur le pauvre jeune homme, et lui donna tant de coups d'épée, qu'enfin il tomba mort. Le valet, qui parlait à la demoiselle,

lui dit : J'ai entendu dans le degré la voix de
mon maître, je vais à lui avec votre permission.
La belle le retint, et lui dit : Ne vous mettez
pas en peine, il viendra assez tôt. Peu de temps
après, le valet, entendant son maître crier : Je
suis mort! mon Dieu, ayez pitié de moi! voulut
aller à son secours; mais elle le retint encore,
et lui dit : Ne vous inquiétez point, mon mari
l'a châtié de ses fredaines. Allons voir ce que
c'est. Appuyée sur le bout du degré : Est-ce fait?
demanda-t-elle à son mari. Venez voir, répondit le mari. Vous êtes vengée de celui qui
vous a fait tant de honte; et, en disant cela, il
donna dix ou douze coups de poignard à un
homme qu'il n'aurait osé regarder de travers
durant sa vie. Après que l'affaire fut faite, et que
les valets de celui qu'on venait d'assassiner eurent
pris la fuite pour en porter les nouvelles au père,
Saint-Aignan, considérant que la chose allait
éclater, que les valets du mort ne pouvaient pas

être reçus en témoignage, et que personne n'avait vu le fait que les meurtriers, une vieille domestique et une fille de quinze ans, voulut se saisir de la vieille ; mais elle trouva moyen d'échapper, et se sauva aux Jacobins. Ce fut le meilleur témoin que l'on eût de ce crime. La jeune fille demeura quelques jours chez Saint-Aignan ; mais, ayant trouvé moyen de la faire suborner par un des assassins, elle fut conduite à Paris dans un lieu scandaleux, pour empêcher qu'elle ne fût crue en témoignage. Pour ne rien laisser qui pût prouver son crime, il brûla le corps, et les os que le feu ne put consumer furent mis dans du mortier ; car il faisait alors bâtir. Tout cela ne fut pas plus tôt fait, qu'il envoya à la cour demander sa grâce, et exposa qu'ayant su que le mort cherchait à déshonorer sa femme, il lui avait souvent fait défendre sa maison ; que, nonobstant cette défense, il était venu de nuit en lieu suspect pour parler à elle, et que, l'ayant

trouvé à la porte de la chambre de sa femme, il
l'avait tué avec plus de colère que de raison.
Mais, quelque diligence qu'il eût faite pour faire
expédier ses lettres de grâce à la chancellerie,
le duc et la duchesse, avertis par le père de ce
qui venait d'arriver, firent informer M. le chancelier de la vérité du fait, et empêchèrent que
Saint-Aignan n'obtînt ce qu'il demandait. Le
malheureux, voyant cela, s'enfuit en Angleterre
avec sa femme et plusieurs de ses parents. Avant
que de partir, il dit à l'homicide dont il s'était
servi, qu'il avait ordre exprès du roi de l'arrêter
et de le faire mourir ; mais, qu'en considération
du service qu'il lui avait rendu, il voulait lui sauver la vie. Il lui donna dix écus pour s'en aller
hors du royaume ; et on n'en a pas entendu parler
depuis. Cependant le meurtre fut si bien vérifié
tant par les valets du mort, que par la servante
qui s'était retirée aux Jacobins, et par les os qui
furent trouvés dans le mortier, que le procès fut

fait et parfait en l'absence de Saint-Aignan et de sa femme, qui furent condamnés à mort par contumace, leurs biens confisqués au prince, et quinze cents écus au père pour les frais du procès.

Saint-Aignan, étant en Angleterre, et se voyant condamné à mort en France, sut si bien gagner par ses services la bienveillance de plusieurs grands seigneurs, et fit agir si utilement les parents de sa femme, que le roi d'Angleterre pria le roi de lui faire grâce, et de le rétablir en ses biens et honneurs. Le roi, ayant été informé de la noirceur de cette affaire, envoya le procès au roi d'Angleterre, et le pria de considérer si c'était un crime à pouvoir être pardonné, ajoutant que, dans toute l'étendue de son royaume, il n'y avait que le seul duc d'Alençon qui eût le privilége de donner grâce dans son duché. Le roi d'Angleterre ne se rendit point à ces raisons, et sollicita si pressamment la grâce de Saint-Aignan, qu'il l'obtint enfin.

Le procureur, de retour chez lui, fit connaissance, pour comble de méchanceté, avec un enchanteur nommé Gallery, espérant qu'il lui apprendrait le moyen de s'empêcher de payer les quinze cents écus qu'il devait au père du mort. Pour cet effet, Saint-Aignan et sa femme s'en allèrent déguisés à Paris; mais la femme, voyant qu'il était si long-temps enfermé avec Gallery, sans lui en dire la raison, l'observa un matin, et vit que Gallery lui montrait cinq images de bois, dont trois avaient les mains pendantes, et les deux autres levées. Il nous faut faire des images de cire comme celles-ci, disait Gallery au procureur; celles qui auront les bras pendants seront ceux que nous ferons mourir; et celles qui les auront élevés, seront ceux de qui nous rechercherons la bienveillance. Soit, dit le procureur. Celle-ci sera donc pour le roi de qui je veux être aimé, et celle-ci pour M. le chancelier d'Alençon Brinon. Il faut, reprit

Gallery, mettre les images sous l'autel où ils entendront la messe, avec des paroles que je vous apprendrai. Le procureur, venant ensuite aux images qui avaient les bras pendants, dit que l'une était pour maître Gilles du Mesnil, père du mort, bien persuadé que, tant que ce vieillard vivrait, il ne cesserait de poursuivre le meurtrier de son fils. Une des femmes à bras pendants était pour madame la duchesse d'Alençon, sœur du roi, parce qu'elle aimait si fort son vieux serviteur du Mesnil, et avait connu en tant d'autres occasions la méchanceté du procureur, que, si elle ne mourait, il ne pouvait vivre. La seconde femme à bras pendants était pour sa femme, qui était la cause, disait-il, de tous ses malheurs, et qu'il savait bien qui ne se réformerait jamais. Sa femme, qui voyait tout par le trou de la porte, voyant qu'il la mettait au rang des morts, songea dès lors à le prévenir. Elle avait un oncle qui était maître des requêtes du duc d'Alençon, auquel, sous prétexte de vouloir lui emprunter de l'argent, elle conta tout ce qu'elle avait vu et entendu. L'oncle, vénérable vieillard, et bon serviteur du duc, alla trouver le chancelier d'Alençon, et lui communiqua tout ce qu'il venait d'apprendre. Comme le duc et la duchesse n'étaient point ce jour-là à la cour, le chancelier alla conter l'aventure à madame la régente, mère du roi, et à la duchesse, qui mirent d'abord en quête le prévôt de Paris, nommé la Barre. Le prévôt fit si bien son devoir, et le fit avec tant de diligence, que le procureur et son nécromancien furent arrêtés. Il ne fallut ni torture, ni contrainte pour leur faire avouer le fait; et, sur leur aveu, leur procès fut fait et rapporté au roi. Quelques-uns, qui voulurent sauver la vie aux coupables, représentèrent au roi que les accusés n'avaient pour but, dans leurs enchantements, que de s'acquérir ses bonnes grâces; mais le roi, à qui la vie de sa sœur n'était pas moins chère que la sienne propre, voulut qu'ils fussent jugés comme s'ils avaient attenté à sa personne. La duchesse d'Alençon pria néanmoins le roi de faire grâce de la vie au procureur, et de le condamner à une grosse peine corporelle. Cela lui fut accordé, et les criminels furent envoyés aux galères, où ils finirent leurs jours, et eurent loisir de reconnaître l'atrocité de leurs crimes. La femme du procureur continua ses déréglements en l'absence de son mari, fit pis qu'elle n'avait jamais fait, et mourut enfin misérablement.

Considérez, mesdames, je vous prie, quels désordres une méchante femme cause, et de combien de maux fut suivi le péché de celle dont il s'agit. Depuis qu'Ève fit pécher Adam, les femmes se sont mises en possession de tourmenter, de tuer et de damner les hommes. Pour moi, j'ai tant fait d'expériences de leur cruauté, que je ne mourrai que du désespoir où une m'a

jeté. Encore suis-je assez fou pour confesser que
cet enfer m'est plus agréable, venant de sa main,
que le paradis qu'un autre pourrait me donner.
Parlamente, faisant semblant de ne pas entendre que ce fût d'elle qu'il parlait, répondit : Si
l'enfer est aussi agréable que vous le dites, vous
ne devez pas craindre le diable qui vous y a
mis. Si mon diable, répliqua Simontault en colère, devenait aussi noir qu'il m'a été mauvais,
il ferait autant de peur à la compagnie, que je
me fais de plaisir de le regarder ; mais le feu de
l'amour me fait oublier le feu de cet enfer ; et,
pour n'en dire pas davantage, je donne ma voix
à madame Oysille, bien persuadé que, si elle
voulait dire des femmes ce qu'elle en sait, elle
appuierait mon sentiment. Toute la compagnie
se tourna de son côté, la priant de vouloir commencer ; ce qu'elle fit par ce petit préambule,
qui fut précédé d'un souris. Il me semble, mesdames, dit-elle, que celui qui m'a donné sa voix

a tant dit de mal des femmes par l'histoire véritable qu'il vient de conter d'une malheureuse, que je dois me rappeler toutes les années de ma vie pour trouver une femme de qui la vertu démente la mauvaise opinion qu'il a du sexe. Il m'en vient une à point nommé qui mérite de n'être pas oubliée. Je vais vous en conter l'histoire.

II.

Triste et chaste mort de la femme d'un des muletiers de la Reine de Navarre.

———•◦•———

Il y avait à Amboise un muletier qui servait la reine de Navarre, sœur de François Ier. Cette princesse étant à Blois, où elle avait accouché d'un prince, le muletier s'y rendit pour demander le paiement de son quartier, et laissa sa femme à Amboise, dans une maison au-delà des ponts. Il y avait long-temps qu'un valet de son mari l'aimait avec tant de passion, qu'il ne put s'empêcher de lui en parler un jour. Mais, comme elle avait de la vertu, elle le rabroua si aigrement, le menaçant de le faire battre et chasser par son mari, qu'il n'osa depuis lui tenir de pareils discours. Le feu de son amour, quoique étouffé, n'était pourtant pas éteint. Son maître étant donc à Blois, et sa maîtresse à vêpres, à Saint-Florentin, qui est l'église du château, fort éloigné de la maison du muletier, et lui seul à la maison, résolut d'avoir par force ce qu'il n'avait pu avoir ni par prières, ni par ses services. Pour cet effet, il rompit un ais de la cloison qui séparait la chambre de sa maîtresse et celle où il couchait. Comme les rideaux du lit de son maître d'un côté, et de l'autre ceux du lit des valets, couvraient la cloison, l'on ne s'aperçut point de l'ouverture qu'il avait faite. Cette pauvre femme étant couchée avec une petite fille de douze ans, et dormant profondément, comme on fait d'ordinaire au premier somme, le valet entra par l'ouverture tout en chemise et l'épée à la main, et se mit au lit avec elle. Aussitôt qu'elle le sentit, elle se jeta hors du lit, et lui fit les remontrances qu'une femme d'honneur peut faire en pareil cas. Lui, dont l'amour n'était que brutalité, et qui eût mieux entendu le langage de ses mulets, que ces raisons d'honnêteté, parut plus bête que les bêtes mêmes avec lesquelles il avait été long-temps. Car, voyant qu'elle courait si vite autour d'une table, qu'il ne pouvait la prendre; et d'ailleurs elle était si forte, qu'encore qu'il l'eût prise deux fois, elle s'était toujours tirée de ses mains; désespérant de pouvoir jamais la prendre vive, lui donna un coup d'épée dans les reins, croyant que, si la peur et la force n'avaient pu la faire rendre, la douleur le ferait. Mais ce fut tout le contraire; car, comme un brave soldat, quand il voit son sang, est plus échauffé à se venger de ses ennemis, et à acquérir de l'honneur, de même, son chaste cœur reprenant de nouvelles forces, elle courut plus vite qu'auparavant pour s'empêcher de tomber entre les mains de ce malheureux, auquel elle donnait cependant les meilleures paroles qu'elle pouvait, pensant par ce moyen lui faire reconnaître sa faute. Mais il était dans une si grande fureur, qu'il n'était pas capable de profiter d'un bon conseil. Elle reçut encore plusieurs coups, quelque usage qu'elle fît de ses jambes pour les éviter, tant qu'il lui resta des forces. Mais, se trouvant affaiblie par la grande quantité de sang qu'elle perdait, et sentant que la mort approchait, elle leva les yeux au ciel, et joignant les mains, rendit grâce à son Dieu qu'elle nommait sa force, sa vertu, sa patience et sa chasteté, le suppliant d'agréer le sang qui, suivant son commandement, était répandu par respect pour celui de son fils, dans lequel elle était fortement persuadée que tous les péchés étaient lavés et effacés de la mémoire de sa colère. Puis, s'écriant : Seigneur, recevez l'âme que votre bonté a rachetée, elle tomba le visage en terre, et reçut encore plusieurs coups de ce misérable. Après qu'elle eut perdu la parole et les forces, le malheureux prit par violence celle qui ne pouvait plus se défendre. Sa brutalité étant assouvie, il s'enfuit avec tant de précipitation, qu'on n'a jamais pu le trouver depuis, avec quelque diligence qu'on l'ait cherché. La jeune fille qui était couchée avec la muletière fut si effrayée, qu'elle se cacha sous le lit. Mais, voyant que l'homme était sorti, elle vint à sa maîtresse, et, la trouvant sans parole et sans mouvement, cria par la fenêtre aux voisins de venir à son secours. Ceux qui estimaient et aimaient la muletière autant que femme de la ville, accoururent incontinent, et amenèrent avec eux des chirurgiens, qui trouvèrent qu'elle avait vingt-cinq plaies mortelles. Ils firent tout ce qu'ils purent pour la secourir ; mais il n'y eut pas moyen de la sauver. Elle languit cependant encore une heure sans parler, faisant signe des yeux et des mains, et montrant par là qu'elle n'avait pas perdu connaissance. Un homme d'église lui ayant demandé en quelle foi elle mourait, elle répondit, par des signes si évidents et aussi peu équivoques que la parole, qu'elle mettait sa confiance en la mort de Jésus-Christ, qu'elle espérait voir en sa gloire céleste. Ainsi, avec un visage tranquille, et les yeux élevés au ciel, elle rendit son chaste corps à la terre, et son âme à son créateur.

Son mari arriva dans le temps précisément qu'on allait la porter en terre, et fut bien surpris de voir sa femme morte avant que d'en avoir su aucunes nouvelles. Mais, quand on lui eut dit de quelle manière elle était morte, il eut double sujet de s'affliger. Aussi sa tristesse fut-elle si grande, qu'il pensa lui en coûter la vie. Cette martyre de la chasteté fut enterrée dans l'église de Saint-Florentin. Toutes les femmes vertueuses de la ville assistèrent à sa sépulture, et lui firent autant d'honneur qu'il leur fut possible, s'estimant heureuses d'être concitoyennes d'une femme de si grande vertu ; et celles qui avaient mal vécu, voyant les honneurs qu'on faisait à la morte, se réformèrent, et résolurent de mieux vivre à l'avenir.

Voilà, mesdames, une histoire véritable, et bien capable de porter à la chasteté, qui est un si belle vertu. Ne devrions-nous pas mourir de honte, nous qui sommes de bonne maison, de sentir nos cœurs pleins de l'amour du monde, puisque, pour l'éviter, une pauvre muletière n'a point appréhendé une mort si cruelle? Telle se croit femme de bien qui n'a pas encore su comme celle-ci résister jusques au sang. C'est pourquoi il faut s'humilier, puisque Dieu ne fait point des grâces aux hommes parce qu'ils sont nobles ou riches, mais suivant qu'il plaît à sa bonté, qui n'a point d'égard à l'apparence des personnes;

il choisit ceux qu'il veut; il honore de ses vertus et couronne enfin de sa gloire ceux qu'il a élus; et souvent il choisit les choses basses et méprisées, pour confondre celles que le monde croit hautes et honorables. Ne nous réjouissons point de nos vertus, comme dit Jésus-Christ; mais réjouissons-nous de ce que nous sommes écrits dans le livre de vie. Les dames furent si touchées de la triste et glorieuse mort de la muletière, qu'il n'y en eut pas une qui ne versât des larmes. Chacune se promettait de travailler à suivre un pareil exemple, en cas que la fortune les exposât à une pareille épreuve. Madame Oysille, voyant enfin qu'on perdait le temps à louer la morte : Si vous ne dites quelque chose pour faire rire la compagnie, dit-elle à Saffredant, il n'y a personne de nous qui puisse oublier la faute que j'ai faite de la faire pleurer. Ainsi je vous donne ma voix. Saffredant, qui eût bien souhaité de dire quelque chose de bon et d'agréable à la compagnie, et surtout à une des dames, répondit que cet honneur ne lui était pas dû, et qu'il y en avait de plus habiles que lui, qui devaient parler les premiers. Mais puisque ainsi est, ajouta-t-il, le meilleur est de se tirer d'affaire au plus tôt; car plus il y en aura qui parleront bien avant moi, plus mon tour sera difficile à remplir.

III.

Un roi de Naples, ayant abusé de la femme d'un gentilhomme, porte enfin lui-même les cornes.

Comme j'ai souvent souhaité d'avoir eu part à la bonne fortune de celui dont je vais vous faire un conte, je vous dirai que, du temps du roi Alphonse, le prince de son siècle le plus amoureux, il y avait à Naples un gentilhomme bien fait, agréable, et en qui la nature et l'éducation avaient mis tant de perfections, qu'un vieux gentilhomme lui donna sa fille, qui, pour la beauté et pour les agréments, ne cédait en rien à son mari. Ils s'aimèrent beaucoup durant les premiers mois de leur mariage. Mais le carnaval étant venu, et le roi allant en masque dans les maisons, où chacun tâchait de le recevoir de son mieux, il vint chez ce gentilhomme, et y fut mieux reçu qu'il ne l'avait été ailleurs. Les confitures, la musique, les concerts, et plusieurs autres divertissements n'y furent pas oubliés : mais ce qui plut le plus au roi fut la femme, la plus belle à son gré qu'il eût jamais vue. A la fin du régal, la belle chanta avec son mari, et le fit de si bon air, qu'elle en parut beaucoup plus belle. Le roi, voyant deux perfections en une même personne, prit bien moins de plaisir aux doux accords de son mari et d'elle, qu'à penser aux moyens de les rompre. L'amitié mutuelle qu'il y avait entre eux lui paraissait un grand obstacle à son dessein. Il dissimula sa passion du mieux qu'il lui fut possible : mais pour la soulager en quelque manière, il régalait les seigneurs et dames de Naples, et n'oubliait pas le gentilhomme et sa femme. Comme on croit aisément ce que l'on voit, et que les amants ont de bons yeux, il crut que ceux de cette dame lui promettaient quelque chose d'agréable pour l'avenir, pourvu que ceux du mari n'y fissent point d'obstacle. Pour savoir si sa conjecture était juste, il fit faire au mari un voyage à Rome de quinze jours ou trois semaines. Il ne fut pas plus tôt parti, que sa femme, qui ne l'avait pas encore perdu de vue pour ainsi dire, fut dans une très-grande affliction. Le roi l'alla voir souvent, et la consola de son mieux par paroles obligeantes et par présents. En un mot il fit si bien, qu'elle se trouva non-seulement consolée, mais bien aise de l'absence de son mari. Avant les trois semaines que le mari devait revenir, elle fut si amoureuse du roi, qu'elle était aussi affligée du retour de son époux, qu'elle l'avait été de son départ. Pour n'être pas privée de la présence du roi, il fut convenu entre eux que, quand le mari irait à la campagne, elle en ferait avertir le roi, qui pourrait la venir voir en toute sûreté, et si secrètement, que le mari qu'elle respectait plus que sa conscience, ne se défiant de rien et ne sachant rien, n'en serait point blessé ; espérance qui faisait beaucoup de plaisir à la belle. Le mari de retour fut si bien reçu de sa femme, qu'encore qu'il eût appris que le roi la chérissait pendant son absence, il ne le put jamais croire. Mais avec le temps, ce feu qu'on cachait avec tant de peine commença peu à peu à se faire voir, et parut si visiblement, que le mari, justement alarmé, prit si bien ses mesures, qu'il n'eut presque plus aucun lieu de douter. Mais comme il craignait que celui qui lui faisait affront ne lui fît quelque chose de pis s'il remuait, il résolut de dissimuler, aimant mieux vivre avec chagrin, que d'exposer sa vie pour une femme qui ne l'aimait plus. Il songea néanmoins, dans son ressentiment, de rendre la pareille au roi, s'il était possible.

Comme il savait que l'amour attaque principalement celles qui ont le cœur grand, il se donna la liberté de dire un jour à la reine, qu'il avait de la douleur que le roi son époux la traitât avec indifférence. La reine, à qui il était revenu quelque chose des amours du roi et de sa femme, répondit qu'elle ne pouvait avoir l'honneur et le plaisir tout ensemble. Je sais bien, ajouta-t-elle, que j'ai l'honneur dont une autre reçoit le plaisir; mais aussi celle qui a le plaisir, n'a pas le même honneur que moi. Lui qui comprit fort bien à qui ces paroles s'adressaient : L'honneur est né avec vous, madame, répondit-il d'abord; vous êtes de si bonne maison, que la qualité de reine ou d'impératrice n'ajouterait rien à votre noblesse : mais votre beauté, vos agréments et votre honnêteté méritent tant de plaisir, que celle qui vous ravit celui qui vous est dû, se fait plus de tort qu'à vous ; car pour une gloire qui lui tourne à sa honte, elle perd autant de plaisir que vous ou femme du royaume sauriez avoir : et je puis vous dire, madame, que, la couronne à part, le roi n'est pas plus en état que moi de contenter une femme. Bien loin de cela, je suis persuadé que, pour satisfaire une femme de votre mérite, le roi devrait souhaiter d'être de mon tempérament. Quoique le roi soit d'une complexion plus délicate que vous, répondit la reine en riant, l'amour qu'il a pour moi me contente si fort, que je le préfère à toute autre chose. Si cela est, madame, répliqua le gentilhomme, je ne vous plains plus. Je sais que si le roi avait pour vous un amour aussi épuré que celui que vous avez pour lui, vous jouiriez au pied de la lettre du contentement que vous dites : mais Dieu ne l'a pas voulu, et il veut vous apprendre par là que vous ne devez pas vous en faire une divinité terrestre. Je vous avoue, dit la reine, que l'amour que j'ai pour lui est si grand, qu'il n'y a point de cœur qui puisse aimer avec tant de passion. Permettez-moi, s'il vous plaît, de vous dire, madame, répartit le gentilhomme, que vous ne connaissez pas bien l'amour de tous les cœurs. J'ose vous assurer, madame, que tel vous aime d'un amour si parfait et si passionné, que celui que vous avez pour le roi, ne peut pas entrer en comparaison. Son amour se fortifie, à mesure que celui du roi s'affaiblit, et si vous le trouvez bon, madame, vous serez récompensée de reste de tout ce que vous perdez.

La reine commença de connaître, tant à ses paroles qu'à son air, que sa langue était l'interprète de son cœur. Là-dessus elle va se rappeler qu'il cherchait depuis long-temps les occasions de lui rendre service, et les cherchait avec tant d'empressement, qu'il en était devenu tout mélancolique. Elle avait d'abord cru que sa femme était la cause de sa mélancolie ; mais alors elle ne douta point que tout cela ne fût pour son compte. Comme l'amour se fait sentir quand il est véritable, la reine n'eut pas de peine à démêler ce qui était un secret pour tout le monde. Le gentilhomme donc lui paraissant plus aimable que son mari, considérant d'ailleurs qu'il était abandonné de sa femme comme elle l'était de son mari, animée de dépit et de jalousie contre son époux, et d'amour pour le gentilhomme: Faut-il, ô Dieu, dit-elle en soupirant, et les larmes aux yeux, que la vengeance fasse en moi ce que l'amour n'a jamais pu faire! Le gentilhomme, qui comprit fort bien le sens de cette exclamation, répliqua: La vengeance est douce, madame, lorsqu'au lieu de tuer son ennemi, on donne la vie à un véritable ami. Il me semble qu'il est temps que la vérité vous guérisse de l'amour peu raisonnable que vous avez pour une personne qui n'en a point pour vous, et qu'un amour juste et bien fondé chasse la crainte qui est fort mal logée dans un cœur aussi grand et aussi vertueux que l'est le vôtre. Mettons à part, madame, votre qualité de reine, et considérons que vous et moi sommes les deux personnes du monde les plus indignement dupées et trahies de ceux que nous avons le plus parfaitement aimés. Vengeons-nous, madame, moins pour leur rendre ce qu'ils nous prêtent, que pour satisfaire à l'amour, qui de mon côté ne saurait aller plus loin, à moins qu'il ne m'en coûte la vie. Si vous n'avez le cœur plus dur qu'un diamant, vous devez sentir quelque étincelle d'un feu qui s'augmente à mesure que je fais des efforts pour le cacher. Je souffre parce que je vous aime. Aimez-moi par pitié, ou du moins par ressentiment. Votre mérite est si parfait, qu'il est digne du cœur de tout ce qu'il y a d'honnêtes gens; cependant vous êtes méprisée et abandonnée de celui pour qui vous avez abandonné tous les autres.

Ces paroles causèrent à la reine de si violents transports, que pour cacher le trouble de son esprit, elle prit le gentilhomme par le bras, et le mena dans un jardin près de sa chambre, où elle fut long-temps à se promener sans pouvoir lui dire un seul mot. Mais le gentilhomme, la voyant demi-vaincue, ne fut pas plus tôt au bout d'une allée où personne ne pouvait les voir, qu'il l'entretint de la bonne sorte de la passion dont il lui avait fait un si long secret. Comme ils se trouvèrent tous deux d'accord, ils se vengèrent par représailles, et il fut arrêté que toutes les fois que le roi irait voir la femme du gentilhomme, le gentilhomme viendrait voir la reine. Ainsi, trompant les trompeurs, ils furent quatre à partager le plaisir dont deux s'imaginaient jouir seuls. Cela étant fait, chacun se retira, la reine dans sa chambre, et le gentilhomme chez lui, tous deux si contents, qu'ils ne se souvenaient plus de leurs déplaisirs passés. Le gentilhomme, bien loin d'avoir peur que le roi allât voir sa femme, souhaitait au contraire qu'il la vît; et, pour lui en donner occasion, il allait à la campagne plus souvent qu'à l'ordinaire. Le roi n'était pas plus tôt averti qu'il était à son village, qui n'était qu'à demi-lieue de la ville, qu'il allait trouver la belle; et la nuit n'était pas plus tôt venue, que le gentilhomme, de son côté, se rendait auprès de la reine, où il faisait l'office de lieutenant de roi si secrètement, que jamais personne ne s'en aperçut. Ce commerce dura long-temps : mais quelque soin que le roi pût prendre pour cacher ses amours, tout le monde en fut informé. Les honnêtes gens plaignaient beaucoup le gentilhomme, duquel plusieurs mauvais plaisants se moquaient, et lui faisaient les cornes par derrière, de quoi il s'apercevait fort bien. Mais il était si aise qu'on se moquât de lui de cette manière, qu'il estimait autant les cornes que la couronne du roi. Ce prince, étant avec la femme du gentilhomme, ne put un jour s'empêcher de dire en riant devant le gentilhomme même, au sujet d'un bois de cerf qui était attaché dans la maison : *Ce bois convient fort à cette maison.* Le gentilhomme, qui n'avait pas moins de cœur que le roi, fit écrire sur ce bois : *Io porto le corna, ci ascun le vede, ma tal le porta chi nole crede.* Le roi, retournant chez le gentilhomme, et y trouvant ce nouvel écriteau, lui en demanda l'explication. *Si le cerf,* répondit le gentilhomme, *ne sait pas le secret du roi, il n'est pas juste que le roi sache le secret du cerf.* Contentez-vous de savoir, sire, que tous ceux qui portent les cornes n'ont pas le bonnet hors de la tête; que les cornes sont si douces, qu'elles ne décoiffent personne, et que tel les porte qui ne croit pas les porter. Le roi vit bien par là qu'il savait quelque chose de ses affaires ; mais il ne soupçonna jamais ni la reine, ni lui. Cette princesse joua fort bien son rôle ; car plus elle était contente de la conduite de son époux, plus feignait-elle d'en être mal satisfaite. Aussi vécurent-ils de part et d'autre en bonne amitié, jusqu'à ce que la vieillesse vînt traverser leurs mutuels plaisirs.

Voilà une histoire, mesdames, que je vous propose volontiers en exemple, afin que quand vos maris vous donneront des cornes, vous leur en donniez aussi. Je suis fort assurée, Saffredant, dit alors Émarsuite en riant, que si vous aimiez comme vous avez fait autrefois, vous souffririez des cornes aussi grandes qu'un chêne, pour en donner une à votre gré : mais aujourd'hui que vos cheveux commencent à grisonner, il est temps de faire trêve à vos désirs. Quoique celle que j'aime, mademoiselle, ne me laisse aucune espérance, répliqua Saffredant, et que l'âge ait épuisé mes forces, le désir me reste encore tout entier. Mais puisque vous me censurez d'un si honnête désir, vous conterez, s'il vous plaît, le quatrième conte, et nous verrons si vous trouverez quelque exemple qui puisse me démentir. Une de la compagnie, qui savait que celle qui prenait les paroles de Saffredant à son avantage, n'en était pas assez aimée pour qu'il eût voulu porter des cornes de sa façon, ne pût s'empêcher de rire de la manière avec laquelle elle les avait relevées. Saffredant, qui sentit que la rieuse était au fait, en fut fort aise, et laissa parler Émarsuite. Pour faire voir, mesdames, à Saffredant et à toute la compagnie, dit alors Émarsuite, que toutes les femmes ne sont pas faites comme la reine dont il vient de parler, et que tous les téméraires ne sont pas heureux, je vais vous entretenir de l'aventure d'une dame qui jugea que le dépit d'échouer en amour était plus difficile à soutenir que la mort même. Je ne nommerai point les personnes, parce que l'histoire est si nouvelle, que je ne manquerais pas de me faire des affaires avec leurs parents.

IV.

Téméraire entreprise d'un gentilhomme contre une princesse de Flandre, et la honte qu'il en reçut.

Il y avait en Flandre une dame de la meilleure maison du pays, veuve pour la seconde fois, et n'ayant jamais eu d'enfants. Durant son veuvage elle se retira chez son frère qui l'aimait beaucoup, et qui était un fort grand seigneur, étant marié à une des filles du roi. Ce jeune prince donnait fort au plaisir, et aimait la chasse, les divertissements et les dames, comme font d'ordinaire les jeunes gens. Il avait une femme de fort mauvaise humeur, et qui ne s'accommodait point des divertissements de son époux. Comme la sœur était fort enjouée, et néanmoins fort sage et fort vertueuse, elle accompagnait toujours le prince partout où il menait son épouse. Il y avait à la cour du prince un gentilhomme qui surpassait tous les autres courtisans en taille, en beauté et en bonne mine. Ce cavalier, voyant que la sœur de son maître était une femme enjouée et qui riait volontiers, crut qu'il devait tenter si un amant honnête homme serait de son goût; mais il trouva tout le contraire de ce que l'enjouement de la belle veuve lui avait fait espérer. Cependant, en faveur de sa bonne mine et de son honnêteté, elle fit grâce à son audace, et lui faisait même connaître qu'elle n'était point fâchée qu'il lui parlât, l'avertissant au reste de ne lui plus tenir le même langage; ce qu'il lui promit pour ne pas perdre le plaisir et l'honneur de l'entretenir. Mais sa passion augmentant avec le temps, il oublia sa promesse ; cependant il n'eut point recours aux paroles, car l'expérience lui avait appris qu'elle savait faire des réponses sages. Il crut enfin qu'étant veuve, jeune, vigoureuse et de bonne humeur, elle aurait peut-être pitié de lui et d'elle, s'il pouvait la trouver en lieu qui fût à son avantage. Pour cet effet, il fit entendre au prince qu'il avait une maison qui était un fort bel endroit pour la chasse, et que, s'il lui plaisait d'y venir courir trois ou quatre cerfs dans la belle saison, il aurait le plus grand plaisir qu'il eût jamais eu. Le prince, soit qu'il aimât le gentilhomme, ou qu'il fût bien aise de prendre le plaisir de la chasse, lui promit d'aller chez lui, et lui tint parole. Il trouva une belle maison, et en aussi bon ordre que si elle eût appartenu au plus riche gentilhomme du pays.

Il logea celle qu'il aimait plus que soi-même dans un appartement qui était vis-à-vis de celui qu'il avait donné au prince et à la princesse. La chambre de la belle veuve était si bien tapissée par le haut, et si bien nattée par le bas, qu'il était impossible de s'apercevoir d'une trape qu'il avait ménagée dans la ruelle, et qui descendait dans la chambre de la mère du cavalier, femme âgée et infirme. Comme la bonne femme toussait beaucoup, et qu'elle craignait que le bruit de sa toux n'incommodât la princesse, elle changea de chambre avec son fils. Il ne se passait point de soir que la vieille dame ne portât des confitures à la belle veuve. Son fils ne manquait pas de l'y accompagner; et, comme il était fort aimé du frère, il lui était permis de se trouver au coucher et au lever de la sœur, où il trouvait toujours de quoi augmenter son amour. Il fut un soir si tard avec la princesse, que, voyant qu'elle s'endormait, il fut contraint de la laisser, et de se retirer dans sa chambre. Il prit la plus belle chemise et la mieux parfumée qu'il eût, et un bonnet de nuit si propre et si riche, qu'il n'y manquait rien; puis, se regardant au miroir, il fut si content de soi-même, qu'il crut qu'il n'y avait point de dame qui pût tenir contre sa beauté et sa bonne mine. Se promettant donc des merveilles de son entreprise, il se mit dans son lit, où il ne croyait pas faire long séjour, parce qu'il espérait d'en avoir un meilleur et un plus agréable.

Il n'eut pas plus tôt congédié ses gens, qu'il se leva et ferma la porte. Il fut long-temps à écouter s'il n'entendrait point de bruit à la chambre de la princesse, qui, comme on a déjà dit, était au-dessus de la sienne. Quand il put s'assurer que tout dormait, il se mit en devoir de commencer sa belle entreprise, et abattit peu à peu la trape, qui était si bien faite, et si bien garnie de drap, qu'il ne fit pas le moindre bruit. Ayant monté par là dans la ruelle de la princesse, qui dormait profondément, il se coucha sans cérémonie auprès d'elle, sans avoir égard ni aux obligations qu'il lui avait, ni à la maison dont elle était, et sans en avoir au préalable son consentement. Elle le sentit plus tôt entre ses bras, qu'elle ne s'aperçut de son arrivée. Mais, comme elle était forte, elle se débarrassa de ses mains; et, en lui demandant qui il était, elle se servit si bien de ses mains et de ses ongles, que, craignant qu'elle ne criât au secours, il se mit en devoir de lui fermer la bouche avec la couverture; mais il n'en put jamais venir à bout. Car, comme elle vit qu'il faisait de son mieux pour la déshonorer, elle fit de son mieux pour s'en défendre, et appela de toute sa force sa dame d'honneur qui couchait dans sa chambre, femme âgée et fort sage, qui courut en chemise au secours de sa maîtresse.

« Le gentilhomme, se voyant découvert, eut tant de peur d'être reconnu, qu'il descendit par la trape le plus vite qu'il pût; son désespoir de s'en retourner en si mauvais état ne fut pas moins grand qu'avait été le désir et la confiance d'être bien reçu. Il retrouva sur sa table sa chandelle et son miroir, et se vit le visage tout sanglant d'égratignures et de morsures. Le sang ruisselant sur sa belle chemise, qui était plus sanglante que dorée : Te voilà, beauté cruelle, récompensée de ton mérite, dit alors l'infortuné. Tes vaines promesses m'ont fait entreprendre une chose impossible, et qui, bien loin d'augmenter mon bonheur, sera peut-être un surcroît de malheur. De quoi deviendrai-je, si elle sait que, contre ma promesse, j'ai fait cette folie ? Le moins qui m'en puisse arriver, est d'être banni de sa présence. Devais-je employer la fraude pour ravir un bien que ma naissance et ma bonne mine pouvaient me faire obtenir par des voies légitimes ? Est-ce par violence que je devais me rendre maître de son cœur ? ne devais-je pas attendre au contraire que l'amour m'en mît en possession pour récompenser ma patience et mes longs services ; car, sans amour, à quoi aboutissent la vertu et le crédit d'un amant ? Le reste de la nuit se passa à faire ces tristes réflexions, qui furent souvent interrompues par des larmes, des regrets et des doléances qui ne peuvent s'exprimer. Le matin venu, le gentilhomme fit le malade pour cacher le désordre de son visage, faisant semblant de ne pouvoir souffrir la lumière, jusqu'à ce que la compagnie fût sortie. La dame, persuadée qu'il n'y avait personne à la cour capable de faire un coup si méchant et si déterminé, que celui qui avait eu la hardiesse de lui déclarer son amour, visita la chambre avec sa dame d'honneur ; mais, ne trouvant point d'endroit par où l'on pût être venu, elle se mit en grosse colère. Soyez assurée, dit-elle à la dame d'honneur, que le seigneur de cette maison a fait le coup. Mais je m'en vengerai, et l'autorité de mon frère immolera sa tête à ma chasteté. La dame d'honneur, voyant ses transports : Je suis ravie, madame, lui dit-elle, que l'honneur vous soit si précieux, que de ne vouloir pas épargner la vie d'un homme qui l'a exposée par un excès d'amour; mais, en cela comme en autre chose, tel recule souvent en pensant avancer. Dites-moi donc, madame, la pure vérité. A-t-il eu quelque chose de vous? Rien, je vous assure, répondit la belle veuve, que des égratignures et des coups de poing; et, à moins qu'il n'ait trouvé un bon chirurgien, je suis persuadée que nous en verrons demain des marques. Cela étant, madame, répliqua la dame d'honneur, il me semble que vous devez plutôt louer Dieu, que de penser à vous venger. Puisqu'il a eu le cœur de tenter une pareille entreprise, le dépit de n'y avoir pas réussi lui sera plus sensible que la mort même. Voulez-vous être vengée d'une manière qui vous fasse honneur? Abandonnez-le à son amour et à sa honte, qui sauront bien mieux le faire souffrir que vous. Ne tombez pas, madame, dans l'inconvénient où il s'est jeté. Il s'était promis le plus doux de tous les plaisirs, et il s'est précipité dans la plus cruelle douleur où l'on puisse jamais tomber. Profitez de son exemple, madame, et ne diminuez point votre gloire en pensant l'augmenter. Si vous vous plaignez de l'aventure, vous allez publier ce que personne ne sait; car vous pouvez compter que, de son côté, ce sera un secret éternel. Supposé que le prince vous fasse la justice que vous demandez, et qu'il en coûte la vie au gentilhomme, on dira que vous l'avez sacrifié après lui avoir tout accordé; et la plupart des gens croiront difficilement qu'il eût fait une pareille entreprise, si vous ne l'y aviez encouragé. Vous êtes belle, jeune et enjouée. Toute la cour sait que vous recevez bien le gentilhomme que vous soupçonnez; ainsi, chacun jugera qu'il n'a entrepris cela que parce que vous l'avez bien voulu. Votre honneur, qui n'a souffert jusqu'ici aucune atteinte, deviendra pour le moins douteux dans tous les lieux où l'aventure sera contée.

La princesse se rendit à de si bonnes raisons, et demanda à sa dame d'honneur ce qu'elle devait faire. Puisque vous trouvez bon, madame, répondit la demoiselle, que je vous parle avec liberté, et avec le zèle que j'ai toujours eu pour vous, je vous dirai qu'il me semble que vous devez avoir une véritable joie, que l'homme le mieux fait que je connaisse n'ait pu, ni par amour ni par violence, vous détourner du chemin de la vertu. Cela doit, madame, vous obliger à vous humilier devant Dieu, et à reconnaître que c'est son ouvrage et non pas le vôtre. En effet, plusieurs femmes ont vécu avec plus d'autorité que vous, et n'ont pas laissé de se rendre à des hommes qui ne méritaient pas si bien d'être aimés que lui. Vous devez être plus en garde que jamais contre tout ce qui s'appelle discours tendres, et considérer que plusieurs ont résisté aux premières attaques, qui ont succombé aux secondes. Souvenez-vous, madame, que l'amour est aveugle, et qu'il aveugle de manière qu'on croit n'avoir rien à craindre, lors même qu'on est le plus exposé. Il me semble donc, madame, que vous ne devez dire à personne ce qui vous est arrivé; et quand même on voudrait vous en parler, faites semblant de ne pas entendre. Par là vous éviterez deux inconvénients : l'un est la vaine gloire de la victoire que vous avez remportée; l'autre, le plaisir que vous pourriez prendre de vous souvenir de choses si agréables à la chair, que les plus chastes ont bien de la peine, quelques efforts qu'elles fassent, à s'empêcher d'en sentir quelque chose. D'un autre côté, madame, afin qu'il ne croie pas que ce qu'il a fait soit de votre goût, je suis d'avis que vous lui fassiez sentir sa folie, en lui retranchant peu à peu quelque chose du bon accueil que vous aviez coutume de lui faire. Il sentira en même temps que vous avez bien de la bonté de vous contenter de votre victoire, et de renoncer à la vengeance. Dieu vous fasse la grâce, madame, de persévérer dans la vertu qu'il a mise en vous, et que, reconnaissant qu'il est le principe de tous les biens, vous l'aimiez et le serviez à l'avenir mieux que vous n'avez fait jusqu'ici.

La princesse suivit le sage conseil de sa demoiselle, et dormit le reste de la nuit avec autant de tranquillité, que le gentilhomme veilla avec trouble et inquiétude. Le lendemain le prince, voulant s'en retourner, demanda son hôte. On lui dit qu'il était si malade, qu'il ne pouvait voir la lumière, ni entendre parler personne. Le prince en fut surpris, et voulut l'aller voir; mais, ayant appris qu'il reposait, et ne voulant pas l'éveiller, il partit, sans lui dire adieu, avec sa femme et sa sœur. Celle-ci, concluant que les marques qu'elle avait faites au gentilhomme, et qu'il ne voulait pas faire voir, étaient le véritable prétexte de sa maladie, n'eut plus aucun doute que ce ne fût lui qui lui avait fait la pièce. Le prince lui manda souvent de revenir à la cour; mais il n'obéit qu'après qu'il fut bien guéri de toutes ses blessures, à la réserve de celles que l'amour et le dépit lui avaient faites au cœur. De retour à la cour il parut tout autre, et ne put, sans rougir, soutenir la présence de sa charmante ennemie. Quoiqu'il fût le plus hardi de toute la cour, il fut si déconcerté, qu'il parut souvent devant elle tout décontenancé; nouvelle preuve que les soupçons de la belle étaient bien fondés. Aussi rompit-elle avec lui peu à peu. Quelque adroitement qu'elle pût le faire, il ne laissa pas de s'en apercevoir; mais il n'osa pas le témoigner, de peur de pis. Il garda son amour dans le cœur, et souffrit patiemment une disgrâce qu'il avait bien méritée.

Voilà, mesdames, une histoire qui doit faire peur à ceux qui veulent s'emparer de ce qui ne leur appartient pas, et relever le courage aux dames par la considération de la vertu de la jeune princesse, et du bon sens de sa demoiselle. Si pareille chose arrivait à quelqu'une de vous, le remède est tout trouvé. Il me semble, dit Hircan, que le gentilhomme dont vous venez de parler avait si peu de cœur, qu'il ne méritait pas qu'on lui fît honneur de révéler son aventure. Puisqu'il avait une si belle occasion, rien ne devait l'empêcher d'en profiter. Il n'était pas bien amoureux, puisque la crainte de la mort et de la honte trouva place dans son cœur. Et qu'eût fait le pauvre gentilhomme contre deux femmes, dit alors Nomerfide? Il fallait tuer la vieille, répliqua Hircan, et la jeune, se voyant seule, aurait été demi-vaincue.

Tuer! repartit Nomerfide; vous voudriez donc faire un meurtrier d'un amant? De l'humeur dont vous êtes, on doit craindre de tomber entre vos mains. Si j'avais poussé les choses si loin, continua Hircan, je me croirais perdu de réputation si je n'en venais pas à la conclusion. Trouvez-vous étrange, dit alors Guebron, qu'une princesse élevée à la vertu soit difficile à prendre à un seul homme? Vous seriez donc bien surpris si l'on vous disait qu'une femme du commun a échappé à deux hommes, Guebron? dit Emarsuite. Je vous donne ma voix pour dire le cinquième conte. Je suis trompée si vous n'en savez quelqu'un de cette pauvre femme, qui ne déplaira pas à la compagnie. Puisqu'ainsi est, répondit Guebron, je vais vous conter une histoire que je tiens pour véritable, parce que je m'en suis informé sur les lieux. Vous verrez par là que les princesses ne sont pas les seules sages et les seules vertueuses, et que ceux qui passent souvent pour fort amoureux et fort fins, ne le sont pas autant qu'on pense.

V.

Une batelière échappa à deux cordeliers qui voulaient la forcer, et fit si bien que leur crime fut su de tout le monde.

———◦◦◦———

Il y avait au port à Coulon, près de Niort, une batelière qui ne faisait jour et nuit que passer des gens. Deux cordeliers de Niort passèrent seuls la rivière avec elle. Comme le trajet est un des plus larges qu'il y ait en France, de peur qu'elle ne s'ennuyât, ils s'avisèrent de lui parler d'amour. Elle fit à cela la réponse qu'elle devait. Mais les bons pères, qui n'étaient ni fatigués du travail du passage, ni refroidis de la froideur de l'eau, ni honteux du refus de la femme, résolurent de la forcer, ou de la jeter dans la rivière si elle faisait la fâcheuse. Elle, aussi sage et aussi fine qu'ils étaient fous et malins, leur dit : Je ne suis pas si difficile que vous pourriez croire : mais, je vous prie, accordez-moi deux choses, et vous verrez que j'ai plus d'envie de vous satisfaire, que vous n'en avez d'être satisfaits. Les cordeliers jurèrent, par leur bon saint François, qu'il n'y avait rien qu'ils ne lui accordassent pour avoir d'elle ce qu'ils souhaitaient. Je vous demande premièrement, dit-elle, que vous me promettiez et juriez, qu'homme vivant ne saura jamais de vous ce qui se passera entre nous; ce qu'ils firent très-volontiers. Je vous demande, en second lieu, d'avoir affaire à moi l'un après l'autre; car je serais trop honteuse si cela se faisait en présence de vous deux. Convenez entre vous qui m'aura la première. Cela fut trouvé juste, et le plus jeune donna la préférence au plus vieux.

En approchant d'une petite île, elle dit au jeune cordelier : Faites là vos oraisons, tandis que votre camarade et moi passerons dans une autre île. Si, au retour, il se trouve bien de moi, nous le laisserons ici, et nous nous en irons ensemble. Le jeune sauta d'abord dans l'île, en attendant le retour de son compagnon, que la batelière mena à une autre île. Quand ils furent arrivés, elle fit semblant d'attacher son bateau, et dit au moine : Voyez, je vous prie, où nous pourrons nous mettre. Le cordelier mit bonnement pied à terre pour chercher un lieu commode. Il n'y fut pas plus tôt, que donnant du pied contre un arbre, elle reprit le large, et laissa les bons pères, auxquels elle fit force huées. Attendez, messieurs, leur disait-elle, que l'ange de Dieu vienne vous consoler; car, pour aujourd'hui, vous n'aurez rien de moi. Les cordeliers, se voyant dupés, se mirent à genoux sur le rivage, lui demandant, par grâce, de ne leur point faire cet affront, et de les mener au port, avec promesse qu'ils ne lui demanderaient rien. Je serais bien folle, leur disait-elle toujours chemin faisant, de me remettre entre vos mains, puisque je m'en suis tirée.

De retour à son village, elle dit à son mari ce qui s'était passé, et avertit la justice de venir prendre deux loups dont elle avait su éviter la dent. La justice y alla si bien accompagnée, qu'il n'y eût petit ni grand qui ne voulût avoir part à cette chasse. Les pauvres moines, voyant venir si grosse compagnie, se cachèrent chacun dans son île, comme fit Adam devant Dieu, après qu'il eut mangé la pomme. La honte leur fit envisager la grandeur de leur péché, et la peur d'être punis les effrayait si fort, qu'ils paraissaient demi-morts. Cela n'empêcha pas qu'ils ne fussent pris et menés prisonniers; ce qui ne se fit pas sans être moqués et hués des hommes et des femmes. Ces bons pères, disaient les uns, nous prêchent la chasteté, et veulent forcer nos femmes. Ils n'osent toucher l'argent, disait le mari; mais ils veulent bien manier les cuisses des femmes quoiqu'elles soient plus dangereuses. Ce sont des tombeaux, disaient les autres, dont les dehors sont blanchis; mais le dedans est plein de pourriture. A leurs fruits, s'écriait un autre, vous connaissez la nature de ces arbres. Tous les passages de l'Écriture contre les hypocrites furent cités contre les pauvres prisonniers. Le prieur vint enfin à leur secours, les demanda, et les eut, le magistrat assurant qu'il les punirait plus rigoureusement que la justice séculière ne saurait faire. Pour réparation aux parties intéressées, le prieur promit qu'ils diraient autant de messes et de prières qu'on souhaiterait. Le magistrat se contenta de cela, et rendit les prisonniers. Comme le gardien était homme de bien, ils en furent chapitrés de manière que jamais ils ne passèrent depuis la rivière sans faire le signe de la croix, et se recommander à Dieu.

Si cette batelière eut l'esprit de tromper deux hommes si malins, que doivent faire ceux qui ont vu et lu tant de beaux exemples? Si celles qui ne savent rien, et qui n'entendent qu'à peine deux bons sermons par an, qui n'ont le loisir que de penser à gagner leur vie, gardent leur chasteté avec soin, que ne doivent point faire celles qui, ayant leur vie gagnée, ne s'occupent qu'à lire les saintes lettres, à entendre des prédications, et à s'exercer à toutes sortes de vertus? C'est à cela qu'on connaît que le cœur est véritablement vertueux; car plus l'homme est simple et peu éclairé, plus sont grands les ouvrages de l'esprit de Dieu. Malheureuse la dame qui ne conserve pas avec soin le trésor qui lui fait tant d'honneur étant bien gardé, et tant de déshon-

neur, au contraire, quand elle le garde mal !
Il me semble, Guebron, dit Longarine, qu'il
ne faut pas avoir beaucoup de vertu pour refuser
un cordelier. Il me semble, au contraire, qu'il
serait impossible d'aimer ces sortes de gens.
Celles qui ne sont pas accoutumées, répliqua
Guebron, d'avoir des amants comme vous en
avez, ne méprisent pas tant les cordeliers. Ils
sont bien faits, vigoureux, gens de relais, parlant comme des anges, et la plupart importuns
comme des diables. Ainsi, les grisettes qui échap-
pent de leurs mains ont bien de la vertu. Oh! par
ma foi, dit alors Nomerfide en haussant la voix,
vous en direz tout ce que vous voudrez; mais
j'aurais mieux aimé qu'on m'eût jetée dans la rivière, que de coucher avec un cordelier. Vous
savez donc nager, repartit Oysille en riant? Nomerfide ne trouva pas cela bon, et, croyant qu'elle
ne lui faisait pas toute la justice qu'elle méritait,
elle répondit avec chaleur : Il y en a qui ont re-

fusé des gens qui valent mieux que des cordeliers, sans pourtant en faire sonner la trompette. Encore moins ont-ils fait battre le tambour de ce qu'ils ont fait, reprit Oysille, qui riait de la voir fâchée. Je vois bien, dit alors Parlamente, que Simontault a envie de parler. Je lui donne ma voix, parce que je vois à son air qu'après deux tristes contes, il ne manquera pas de nous en dire qui ne nous fera point pleurer. Je vous remercie, répondit Simontault; je vais vous montrer qu'il y a des femmes qui font les chastes à l'égard de certaines gens, et pour quelque temps, qui sont néanmoins, dans le fond, telles que va vous les représenter l'histoire véritable que vous allez entendre.

VI.

Stratagème d'une femme qui fit évader son galant, lorsque son mari, qui était borgne, croyait le surprendre avec elle.

Charles, dernier duc d'Alençon, avait un valet de chambre borgne qui se maria avec une femme beaucoup plus jeune que lui. Le duc et la duchesse aimaient ce valet autant que domestique de cet ordre qui fût en leur maison; ce qui était cause qu'il ne pouvait aller voir sa femme aussi souvent qu'il l'eût voulu. La femme, qui ne s'accommodait pas d'une si longue absence, oublia tellement son honneur et sa conscience, qu'elle s'amouracha d'un jeune gentilhomme du voisinage. On en parla enfin, et le bruit en fut si grand, qu'il parvint jusqu'au mari, qui ne pouvait le croire, tant sa femme lui témoignait d'amitié. Il résolut néanmoins un jour de savoir ce qui en était, et de se venger, s'il pouvait, de celui qui lui faisait cet affront. Pour cet effet, il feignit d'aller en quelque lieu près de là pour deux ou trois jours seulement. Il ne fut pas plus tôt parti, que sa femme envoya quérir le galant. A peine avaient-ils été demi-heure ensemble que le mari arrive et heurte de toute sa force. La belle, qui connut bien que c'était son mari, le dit à son amant, qui en fut si étonné, qu'il eût voulu être encore au ventre de sa mère. Comme il pestait contre elle et contre l'amour qui l'avaient exposé à un tel danger, la belle le rassura, et lui dit de ne se point mettre en peine; qu'elle trouverait moyen de le tirer d'affaire sans qu'il lui en coûtât rien, et qu'il n'avait qu'à s'habiller le plus promptement qu'il pourrait. Le mari cependant heurtait toujours, et appelait sa femme à tue-tête : mais elle faisait semblant de ne le pas connaître. Que ne vous levez-vous, disait-elle tout haut au valet, pour aller faire taire ceux qui font tant de bruit à la porte ? Est-il heure de venir chez des gens d'honneur ? Si mon mari était ici, il vous en empêcherait bien. Le mari, entendant la voix de sa femme, l'appela de toute sa force, et criant : Ma femme, ouvrez-moi, me ferez-vous demeurer à la porte jusqu'au jour ? Quand elle vit que son amant était prêt à sortir : ô mon mari, dit-elle à son époux, que je suis aise que vous soyez venu. Mon esprit s'occupait à un songe qui me faisait le plus grand plaisir que j'aie reçu de ma vie. Il me semblait que votre œil était devenu bon. Sur cela elle l'embrassa et le baisa, et, le prenant par la tête, elle lui fermait d'une main son bon œil, et lui demandait s'il ne voyait pas mieux que de coutume ? Pendant que le mari avait l'œil fermé, le galant s'évada. Le mari s'en défia, et lui dit : Je ne vous observerai plus, ma femme, je croyais vous tromper ; mais j'ai été la dupe, et vous m'avez fait le tour le plus fin qui ait jamais été inventé. Dieu veuille vous convertir, car il n'y a point d'homme qui puisse ramener une méchante femme, à moins que de la faire mourir. Mais puisque les égards que j'ai eus pour vous n'ont pu vous rendre plus sage, peut-être que le mépris avec lequel je veux désormais vous regarder vous sera plus sensible, et produira un meilleur effet. Après cela, il s'en alla, et la laissa bien étonnée. Cependant, les sollicitations des parents et des amis, les excuses et les larmes de la femme, l'obligèrent de revenir encore avec elle.

Vous voyez par là, mesdames, combien une femme est habile à se tirer d'un mauvais pas.

Si pour cacher un mal elle trouve promptement un expédient, je crois qu'elle serait encore plus prompte et plus ingénieuse pour trouver moyen de s'empêcher de faire un bien; car, comme j'ai entendu dire, le bon esprit est toujours le plus fort. Vous parlerez de finesses tant que vous voudrez, dit Hircan; mais je crois que si la même chose vous eût arrivé, vous n'auriez su la cacher. J'aimerais autant, répondit Nomerfide, que vous dissiez tout net que je suis la plus sotte femme du monde. Je ne dis pas cela, répliqua Hircan; mais je vous regarde comme une femme plus propre à s'alarmer d'un bruit, qu'à trouver finement moyen de le faire cesser. Il vous semble, repartit Nomerfide, que tout le monde est fait comme vous, qui, pour étouffer un bruit, en faites courir un autre. Il est à craindre que la couverture ne ruine enfin sa compagnie, et que le fondement ne soit si chargé de couvertures, que l'édifice n'en soit renversé. Mais quoique vous passiez pour un homme fort fin, si vous croyez que les hommes aient plus de finesse que les femmes, je vous cède mon rang pour nous en conter quelque autre; et même pour nous apprendre bien des malices, vous n'avez qu'à vous proposer pour exemple. Je ne suis pas ici, répondit Hircan, pour me faire pire que je ne suis, quoiqu'il y en ait qui en disent plus que je ne voudrais. En disant cela, il regarda sa femme. Que je ne vous empêche point, lui dit-elle, d'abord, de dire la vérité : j'aime mieux vous entendre conter vos finesses que de vous les voir faire ; mais soyez assuré que rien ne peut diminuer l'amour que j'ai pour vous. Aussi ne me plains-je pas, repartit Hircan, des faux jugements que vous avez faits de moi. Ainsi, puisque nous nous connaissons l'un l'autre, nous n'en serons que plus tranquilles à l'avenir. Mais je ne suis pas homme à conter de moi une histoire dont la vérité puisse vous chagriner. Toutefois j'en dirai une d'une personne qui était bien de mes amis.

VII.

Un marchand de Paris trompa la mère de sa maîtresse
pour lui cacher ses amours.

———◦◦———

Il y avait à Paris un marchand amoureux
d'une fille de son voisinage, ou, pour mieux
dire, plus aimé d'elle qu'elle ne l'était de lui;
car il ne faisait semblant de l'aimer que pour
cacher une autre amourette plus relevée et plus
honorable. Mais elle, qui voulait bien être trompée, l'aimait tant qu'elle oublia la manière avec
laquelle les femmes ont coutume de refuser les

hommes. Le marchand, après s'être long-temps donné la peine d'aller dans les lieux où il pouvait la trouver, la faisait venir à son tour où il voulait. La mère, qui était une honnête femme, s'en aperçut, et défendit à sa fille, sous peine du couvent, de ne jamais parler à ce marchand ; mais la fille, qui aimait plus le marchand qu'elle ne craignait sa mère, fit encore pis qu'auparavant. La fille étant un jour seule en une garderobe, le marchand entra. Trouvant la belle en lieu commode, il se mit en devoir de l'entretenir de choses où il ne faut point de témoins. Une servante, qui avait vu entrer le galant, courut le dire à la mère, qui vint au plus vite interrompre l'entretien. La fille, l'entendant venir, dit au marchand, les larmes aux yeux : L'amour que j'ai pour vous, mon ami, va me coûter bon. Voici ma mère qui va se convaincre de ce qu'elle a toujours craint. Le marchand sans s'étonner quitte incontinent la fille, va au-devant de la mère, lui saute au cou, l'embrasse le plus fort qu'il peut, et avec la fureur où la fille l'avait déjà mis, il jeta la bonne femme sur un petit lit. La pauvre vieille fut si surprise de cette manière d'agir, qu'elle ne savait que lui dire, sinon : Que voulez-vous faire? Rêvez-vous? Tout cela n'était pas capable de lui faire lâcher prise, comme si c'eût été la plus belle fille du monde : et sans qu'elle cria, et qu'à son cri les valets et les servantes vinrent à son secours, elle aurait passé par où elle craignait que sa fille passât. Les domestiques tirèrent la bonne femme à force de bras d'entre les mains du marchand, sans que la pauvre créature ait jamais su ni pu savoir pourquoi il l'avait ainsi tourmentée. Durant ce grabuge, la fille se sauva chez une de ses voisines, où il y avait noce. Le marchand et sa maîtresse ont souvent ri aux dépens de la bonne femme, qui ne s'aperçut jamais de leur commerce.

Vous voyez par là, mesdames, qu'un homme a été assez fin pour tromper une vieille et pour sauver l'honneur d'une jeune. Si je vous nommais les personnes, ou que vous eussiez vu la contenance du marchand et la surprise de la bonne vieille, vous auriez eu la conscience bien délicate si vous n'en aviez ri. Il suffit que je vous prouve par cette histoire que les hommes ne sont pas moins ingénieux que les femmes pour inventer au besoin des expédients sur-le-champ : ainsi, mesdames, vous ne devez pas appréhender de tomber entre leurs mains, puisque vous voyez qu'ils trouvent des ressources qui mettent votre honneur à couvert. Je confesse, Hircan, répondit Longarine, que le conte est plaisant, et la ruse bien inventée; mais il ne s'ensuit pas pour cela que ce soit un exemple que les filles doivent imiter. Je crois bien qu'il y en a qui voudraient vous le faire trouver bon; mais vous êtes trop habile pour vouloir que votre femme et votre fille, desquelles vous aimez mieux l'honneur que le plaisir, jouassent à pareil jeu. Je crois qu'il n'y aurait personne qui les observât de plus près, et qui y remédiât plus tôt que vous. En conscience, répliqua Hircan, si ma femme avait fait la même chose, je ne l'estimerais pas moins, pourvu que je n'en susse rien. Je ne sais si quelqu'un n'a point fait un si bon tour; mais heureusement, comme j'ignore tout, je ne prends rien pour mon compte. Les méchants, dit alors Parlamente, sont toujours défiants; mais bien heureux sont ceux qui ne donnent pas sujet de se faire soupçonner. Je n'ai guère vu de feu, reprit Longarine, qui ne fît quelque fumée; mais j'ai bien vu de la fumée où il n'y avait point de feu; car aussi ceux qui ont le cœur mauvais soupçonnent également quand il y a du mal, et quand il n'y en a point. Vous avez, Longarine, ajouta Hircan, si bien soutenu les dames injustement soupçonnées, que je vous donne ma voix pour dire votre conte. J'espère que vous ne nous ferez pas pleurer, comme a fait madame Oysille, par trop louer les femmes de bien. Puisque vous avez envie que je vous fasse rire à mon ordinaire, répliqua Longarine, en riant de tout son cœur, ce ne sera pas aux dépens du sexe. Je vous ferai voir combien il est aisé de tromper des femmes jalouses qui croient être assez sages pour tromper leurs maris.

VIII.

D'un homme qui, ayant couché avec sa femme, pensant coucher avec sa servante, y envoya son voisin, qui le fit cocu sans que sa femme en sût rien.

Il y avait dans la comté d'Allez un nommé Bornet, qui avait épousé une femme vertueuse, de laquelle il aimait l'honneur et la réputation, comme font, je crois, de leurs femmes tous les maris qui sont ici. Quoiqu'il voulût que sa femme lui fût fidèle, il ne voulait pas être obligé à la même fidélité. En effet, il s'amouracha de sa servante. Ce qu'il craignait dans ce changement était que la diversité des viandes ne lui plût pas. Il avait un voisin de même étoffe que lui, nommé Sandras, tambour et tailleur de son métier. Il y avait entre eux une si parfaite amitié que tout était commun, hormis la femme. Bornet déclara donc à son ami le dessein qu'il avait fait sur la servante. Non-seulement il l'approuva, mais fit même ce qu'il put pour le faire réussir, dans l'espérance d'avoir part au gâteau. La servante, qui ne voulait point y entendre, se voyant persécutée de tous côtés, s'en plaignit à sa maîtresse, et la pria de trouver bon qu'elle s'en allât chez ses parents, ne pouvant plus vivre dans cette persécution. La maîtresse, qui aimait beaucoup son mari, et duquel elle était déjà jalouse, fut bien aise d'avoir ce reproche à lui faire, et de pouvoir lui montrer que c'était avec raison qu'elle le soupçonnait. Pour cet effet, elle obligea la servante de ménager le terrain, de faire espérer peu à peu, et de promettre enfin au mari de coucher avec lui dans la garde-robe. Pour le reste, dit-elle, c'est mon affaire. Je ferai en sorte que vous n'y serez pour rien, pourvu que vous me fassiez savoir la nuit qu'il devra venir, et qu'âme vivante n'en sache rien. La servante exécuta fidèlement l'ordre de sa maîtresse, et le maître en fut si aise, qu'il alla d'abord porter cette bonne nouvelle à son ami, qui le pria que, puisqu'il avait été du marché, il fût aussi du plaisir. La promesse faite et l'heure venue, le maître s'en alla coucher, à ce qu'il pensait, avec la servante. Mais sa femme, qui avait renoncé à l'autorité de commander pour avoir le plaisir de servir, avait pris la place de la servante, et reçut son mari, non comme femme, mais faisant l'étonnée, et la faisant si bien que son mari ne se défia de rien. Je ne saurais vous dire lequel était le plus aise des deux, lui de croire tromper sa femme, ou elle de croire tromper son mari.

Après avoir demeuré avec elle, non autant

qu'il voulut, mais autant qu'il put, car il sentait le vieux marié, il sortit de la maison, et alla trouver son ami, plus jeune et plus vigoureux que lui, et lui conta le bon repas qu'il venait de faire. Vous savez, lui dit l'ami, ce que vous m'avez promis? Allez donc vite, dit le maître, de peur qu'elle ne se lève, ou que ma femme n'ait besoin d'elle. Le compagnon ne perdit pas de temps. Il y alla, et trouva la même servante que le mari n'avait pas reconnue. Comme elle le prenait pour son mari, elle lui laissa faire tout ce qu'il voulut, et tout cela sans dire un seul mot de part ni d'autre. Celui-ci fit bien plus longue séance que le mari ; de quoi la femme s'étonna fort, n'étant pas accoutumée d'être si bien régalée. Elle prit cependant le tout en patience, se consolant sur la résolution qu'elle avait faite de lui parler le lendemain, et de se moquer de lui. L'ami dénicha vers le point du jour ; mais ce ne fut pas sans prendre le vin de l'étrier. Dufant la cérémonie, il lui prit du doigt l'anneau avec lequel son mari l'avait épousée, ce que les femmes de ce pays gardent avec beaucoup de superstition, et font grand cas d'une femme qui garde cet anneau jusqu'à la mort; et si par hasard elle le perd, elle est regardée comme ayant donné sa foi à un autre qu'à son mari. Elle fut bien aise qu'il lui prît cet anneau, espérant que ce serait une preuve de la tromperie qu'elle lui avait faite. Quand l'ami eut rejoint le mari, il lui demanda ce qu'il en disait. Je n'ai rien vu de plus gentil, répondit l'ami, et si je n'avais pas eu peur que le jour m'eût surpris, je n'en serais pas si tôt revenu. Cela dit, ils se couchèrent et reposèrent le plus tranquillement qu'ils purent. En se levant, le mari s'aperçut que son ami avait au doigt l'anneau qu'il avait donné à sa femme en l'épousant. Il lui demanda qui lui avait donné cet anneau? Il fut fort surpris d'apprendre qu'il l'avait pris au doigt de la servante. Me serais-je fait cocu moi-même, et sans que ma femme en ait rien su, dit alors le mari en se donnant de la tête contre la muraille? Peut-être, répondit l'ami pour le consoler, votre femme donna-t-elle hier au soir son anneau à garder à la servante. Le mari s'en va chez lui, et trouve sa femme plus belle et plus gaie qu'à l'ordinaire, ravie qu'elle était d'avoir empêché sa servante de faire un péché, et d'avoir éprouvé son mari sans y rien perdre que de passer une nuit sans dormir. Le mari, la voyant si enjouée : Si elle savait l'aventure, dit-il en soi-même, elle ne me ferait pas si bon visage. L'entretenant de plusieurs choses, il la prit par la main, et vit qu'elle n'avait point l'anneau qu'elle portait toujours au doigt. Il en demeura tout interdit, et lui demanda d'une voix tremblante ce qu'elle avait fait de son anneau. Elle, bien aise qu'il lui donnât sujet d'entrer en matière : O le plus méchant de tous les hommes! lui dit-elle! A qui pensez-vous l'avoir ôté? Vous avez cru l'ôter à la servante, et faire plus pour elle que vous n'avez jamais fait pour moi. La première fois que vous êtes venu coucher avec elle; je vous ai cru aussi amoureux d'elle qu'il était possible. Mais après que vous fûtes sorti et revenu pour la seconde fois, il semblait que vous fussiez un diable sans ordre ni mesure. Par quel aveuglement, malheureux, vous êtes-vous avisé de me tant louer? Il y a long-temps que je suis à vous, et que vous ne vous souciez guère de moi. Est-ce la beauté et l'embonpoint de votre servante qui vous ont fait trouver le plaisir si agréable? Non, infâme; c'est le crime et le feu de vos désirs déréglés qui brûle votre cœur, et vous étourdit tellement de l'amour de la servante, que, dans la fureur où vous étiez, je crois que vous auriez pris une chèvre coiffée pour une belle fille. Il est temps, mon mari, de vous corriger, et de vous contenter de moi, qui suis votre femme, et, comme vous savez, femme d'honneur. Pensez à ce que vous avez fait lorsque vous m'avez prise pour une femme vicieuse. Mon unique but, en cela, a été de vous retirer du vice, afin que sur nos vieux jours nous pussions vivre en bonne amitié et repos de conscience; car si vous voulez continuer la vie que vous avez faite jusqu'ici, j'aime mieux me séparer que de vous voir marcher tous les jours dans le chemin de l'enfer, et user en même temps votre corps et vos biens. Mais s'il vous plaît d'en agir mieux, de craindre Dieu, et de garder ses commandements, je veux bien oublier le passé, comme je veux que Dieu oublie l'ingratitude dont je suis coupable de ne l'aimer pas autant que je dois.

Qui fut bien étonné et bien consterné, ce fut le pauvre mari. Il était au désespoir, quand il songeait qu'il avait quitté sa femme, qui était belle, chaste, vertueuse, et toute pleine d'affection pour lui, pour une autre qui ne l'aimait pas. Mais c'était bien autre chose, quand il se représentait qu'il avait été assez malheureux pour la faire sortir du chemin de la vertu malgré elle et à son insu, pour partager avec un autre des plaisirs qui n'étaient que pour lui, et pour avoir été lui-même l'instrument de son déshonneur. Mais, voyant sa femme assez en colère de l'amour qu'il avait fait paraître pour sa servante, il n'eut garde de lui dire le vilain tour qu'il lui avait fait. Il lui demanda pardon, lui promit de réparer le passé par une conduite sage, et lui rendit son anneau, qu'il avait repris à son ami, qu'il pria de ne rien dire de ce qui s'était passé. Mais comme avec le temps tout se sait, on sut enfin toutes les circonstances de l'aventure, et s'il ne fut pas appelé cocu, c'est qu'on ne voulut pas faire ce déplaisir à sa femme.

Il me semble, mesdames, que si tous ceux qui ont fait à leurs femmes une pareille infidélité étaient punis de même, Hircan et Saffredant devraient avoir grande peur. Ouais, Longarine, répondit Saffredant, sommes-nous, Hircan et moi, les seuls de la compagnie mariés? Vous n'êtes pas les seuls mariés, répliqua Longarine, mais vous êtes bien les seuls capables de faire un semblable tour. Qui vous a dit, reprit Saffredant, que nous ayons voulu débaucher les servantes de nos femmes? Si celles qui y ont intérêt, ajouta Longarine, voulaient dire la vérité, il se trouverait bien des servantes qu'on a congédiées avant leur temps. Vous êtes assurément plaisante, interrompit Guebron; vous avez promis à la compagnie de la faire rire, et, au lieu de cela, vous chagrinez ces messieurs. C'est la même chose, repartit Longarine: pourvu qu'ils n'en viennent pas aux épées, leur colère ne laissera pas de nous faire rire. Si nos femmes, dit Hircan, s'amusaient à cette dame, il n'y a point de bon ménage en la compagnie qu'elle ne brouillât. Je sais bien devant qui je parle, répondit Longarine : vos femmes sont si sages, et vous aiment tant, que quand vous leur feriez porter des cornes aussi grandes que celles d'un daim, elles croiraient et voudraient faire accroire aux autres que ce sont des chapeaux de roses. La compagnie, et même les dames intéressées, se mirent si fort à rire, que la conversation aurait fini là, si Dagoucin, qui n'avait encore rien dit, ne s'était avisé de dire : L'homme est bien peu raisonnable, d'avoir de quoi se contenter, et de ne se contenter pas. J'ai souvent vu des gens qui, pensant être mieux, étaient encore plus mal, pour ne savoir pas se contenter de la raison. Ces gens-là ne sont point à plaindre ; car, enfin, l'inconstance est toujours condamnable. Mais que feriez-vous, dit Simontault, à ceux qui n'ont pas trouvé leur moitié? Appelleriez-vous inconstance de la chercher partout où l'on peut la trouver? Comme il est impossible de savoir, répliqua Dagoucin, où est cette moitié dont l'union est si égale que l'un ne diffère pas de l'autre, il faut s'en tenir où l'amour attache, et ne changer, quoi qu'il arrive, ni de cœur, ni de volonté; car si celle que vous aimez est si semblable à vous, et n'a que la même volonté, vous vous aimerez vous-même, et non pas elle. Quand on n'aime une femme, Dagoucin, dit Hircan, que parce qu'elle a de la beauté, des agréments et du bien, et que la fin que nous nous proposons est le plaisir, les honneurs ou les richesses, un tel amour n'est pas de longue durée; car le principe qui nous fait aimer venant à cesser, l'amour s'envole tout aussitôt. Je demeure donc persuadé que celui qui aime, et qui n'a d'autre fin et d'autre désir que de bien aimer, mourra plutôt que de cesser d'aimer. De bonne foi, Dagoucin, dit alors Simontault, je ne crois pas que vous ayez jamais été amoureux. Si vous aviez passé par là comme les autres, vous ne nous peindriez pas ici la république de Platon, fondée sur de beaux discours, et sur peu ou point d'expérience. Si j'ai aimé, j'aime encore, répliqua Dagoucin, et j'aimerai toute ma vie. Mais j'ai si grande peur que la démonstration fasse tort à la perfection de mon amour, que je crains que mon amour ne vienne à la connaissance de celle de qui je devrais pareillement souhaiter d'être aimé. Je n'ose même penser que je l'aime, de peur que mes yeux ne trahissent le secret de mon cœur ; plus je cache mon feu, plus je trouve de plaisir à sentir que j'aime parfaitement. Je crois pourtant, dit Guebron, que vous seriez bien aise d'être aimé. Je l'avoue, repartit Dagoucin ; mais, quand je serais autant aimé que j'aime, comme mon amour ne saurait diminuer, quoique j'aime beaucoup et que je ne sois point aimé, aussi ne saurait-il augmenter quand je serais autant aimé que j'aime. Parlamente, à qui cette fantaisie était suspecte, lui dit alors : Prenez garde, Dagoucin; j'en ai vu d'autres qui ont mieux aimé mourir que de parler. Ceux-là s'estiment donc heureux? répondit Dagoucin. Oui, répliqua Saffredant, et dignes au surplus d'être mis au rang des innocents, pour qui l'église chante, *non loquendo, sed moriendo confessi sunt.* J'ai beaucoup entendu parler de ces amoureux transis, mais je n'en ai pas vu encore mourir un seul. Puisque j'en suis revenu après bien des ennuis soufferts, je ne crois pas qu'un autre en puisse jamais mourir. Ah, Saffredant! dit Dagoucin, voulez-vous donc être aimé, puisque ceux qui sont de votre sentiment n'en meurent point? J'en sais bon nombre d'autres qui ne sont morts que pour avoir trop aimé. Puisque vous en savez les histoires, dit alors Longarine, je vous donne ma voix pour nous en conter une belle. Afin que ma parole, dit Dagoucin, suivie de signes et miracles, puisse vous faire ajouter foi à ce que je vais vous dire, je veux vous conter une histoire qui n'est arrivée que depuis trois ans.

IX.

Mort déplorable d'un gentilhomme amoureux, pour avoir su trop tard qu'il était aimé de sa maîtresse.

—⊚—

Entre le Dauphiné et la Provence, il y avait un gentilhomme beaucoup mieux partagé des dons de la nature et de l'éducation, que des biens de la fortune. Il aimait avec passion une demoiselle dont je ne dirai pas le nom, à cause de ses parents, qui sont de bonnes et grandes maisons : mais comptez que le fait est véritable. Comme il n'était pas d'aussi bonne maison qu'elle, il n'osait lui déclarer son amour. Quoique la disproportion de la naissance le fît désespérer de pouvoir jamais l'épouser, néanmoins l'amour qu'il avait pour elle était si honnête et si raisonnable, qu'il eût mieux aimé mourir que de lui demander rien qui eût pu compromettre son honneur. Il ne l'aimait donc que parce qu'il la trouvait parfaitement aimable; ce qu'il fit si long-temps, qu'elle en eut enfin quelque connaissance. Voyant donc que l'amour qu'il avait pour elle n'était fondé que sur la vertu, elle se crut heureuse d'être aimée d'un si honnête homme. Elle le recevait si bien, que lui, qui n'avait pas tout-à-fait compté sur cela, était ravi d'aise. Mais l'envie, ennemie de tout repos, ne put souffrir une société si honnête et si douce. Quelqu'un fut dire à la mère de la fille, qu'on était surpris que le gentilhomme allât si souvent chez elle, qu'on disait que la beauté de sa fille l'y attirait, et qu'on les avait souvent vus ensemble. La mère, qui était fort assurée de la probité du gentilhomme, fut fort marrie d'apprendre qu'on expliquât mal les visites qu'il faisait chez elle : mais enfin, craignant le scandale et les mauvaises langues, elle le pria de discontinuer pour quelque temps de lui faire l'honneur de la venir voir. Il trouva ce compliment d'autant plus mauvais, que la manière honnête et respectueuse dont il en avait usé avec sa fille ne méritait rien moins que cela. Cependant, pour étouffer les mauvais bruits, il se retira tout-à-fait, et ne revint que quand on eut cessé de causer. L'absence ne diminua rien de son amour : mais un jour qu'il était chez sa maîtresse, il entendit qu'on parlait de la marier avec un gentilhomme qu'il ne croyait pas plus riche que lui, et, par conséquent, pas plus en droit de prétendre à la belle. Il commença de prendre cœur, et employa ses amis pour parler de sa part, dans l'espérance que si on laissait choisir la demoiselle, elle le préférerait à son rival. Mais comme le dernier était beaucoup plus riche, la mère et les parents de la fille lui donnèrent la préférence. Le gentilhomme, qui savait que sa maîtresse perdait autant que lui, eut tant de déplaisir de se voir exclu, que sans autre mal il commença à déchoir, et changea de telle sorte, qu'on eût dit qu'il avait la mort peinte sur le visage, et qu'il allait mourir de moment en moment. Cela n'empêchait pourtant pas qu'il ne parlât quelquefois à celle qu'il aimait plus que soi-même. Mais enfin, n'ayant plus de forces, il fut contraint de garder le lit, et ne voulut jamais qu'on en donnât avis à sa maîtresse, pour lui épargner l'ennui qu'elle en pourrait recevoir. Il s'abandonna tellement à son désespoir, qu'il ne mangeait, ne buvait, ne dormait ni ne reposait : aussi devint-il si maigre et si défiguré, qu'il n'était plus connaissable. Quelqu'un en avertit la mère de la demoiselle, qui était fort charitable, et avait d'ailleurs tant d'estime pour le gentilhomme, que si les parents eussent été de son avis et de l'avis de la fille, l'honnêteté du malade eût été préférée aux prétendus biens de l'autre ; mais les parents paternels n'y voulurent jamais entendre. Cependant elle alla avec sa fille voir le pauvre gentilhomme, qu'elle trouva plus mort que vif. Comme il connaissait que la fin de sa vie approchait, il s'était confessé et avait communié, croyant de ne plus voir personne : mais voyant encore celle qui était sa vie et sa résurrection, les forces lui revinrent de manière, qu'il se leva d'abord sur son séant, et dit : Qu'est-ce qui vous amène ici, madame ? et d'où vient que vous venez voir un homme qui a déjà un pied dans la fosse, et que vous faites mourir ? Quoi ! répondit la dame, serait-il possible que nous fissions mourir une personne que nous aimons tant ? Dites-moi, je vous prie, pourquoi vous parlez de cette manière ? J'ai caché tant que j'ai pu, madame, l'amour que j'ai pour mademoiselle votre fille; cependant mes parents, qui vous l'ont demandée en mariage, ont été plus loin que je ne voulais, puisque j'ai eu par là le malheur de perdre espérance. Je dis malheur, non par rapport à ma satisfaction particulière, mais parce que je sais que personne ne la traitera jamais si bien ni ne l'aimera jamais comme j'aurais fait. La perte qu'elle fait du meilleur et plus fidèle serviteur et ami qu'elle ait au monde m'est plus sensible que la perte de ma vie, que je voulais conserver pour elle seule. Néanmoins, comme désormais elle ne peut lui servir de rien, je gagne beaucoup en la perdant. La mère et la fille tâchèrent de le consoler. Prenez courage, mon ami, lui dit la mère; je vous promets que si Dieu vous redonne la santé, ma fille n'aura jamais d'autre mari que vous; elle est présente, et je lui ordonne de vous en faire la promesse. La fille, en pleurant, l'assura de ce que sa mère lui promettait ; mais lui, connaissant que quand Dieu lui redonnerait sa santé il n'aurait pas sa maîtresse, et qu'on ne lui donnait ces espérances que pour tâcher de le faire revenir, leur dit : Si vous m'aviez parlé de cette manière il y a trois mois, j'aurais été le plus sain et le plus heureux gentilhomme de France; mais ce secours vient si tard, que je ne puis ni le croire ni l'espérer. Mais voyant qu'elles faisaient des efforts pour le persuader, il leur dit encore : Puisque vous me promettez un bien dont la faiblesse où je suis ne me permet pas de profiter, quand même vous le voudriez bien, je vous en demande un beaucoup moindre que je n'ai osé vous demander. Toutes deux lui jurèrent alors qu'elles le lui accorderaient, et qu'il pouvait demander hardiment. Je vous supplie, continua-t-il, de me donner entre mes bras celle que vous me promettez pour femme, et de lui ordonner de m'embrasser et de me baiser. La fille, qui n'était pas accoutumée à ces sortes de caresses, fut sur le point d'en faire difficulté; mais sa mère le lui commanda expressément, voyant qu'il n'y avait plus en lui ni sentiment, ni force d'homme vivant. Après un tel commandement, la fille s'avança sur le lit du malade. Réjouissez-vous, mon ami, lui dit-elle; réjouissez-vous, je vous en conjure. Le pauvre languissant, malgré son extrême faiblesse, étendit le plus fort qu'il put ses bras maigres et décharnés, embrassa de toute sa force celle qui était la cause de sa mort; et, appliquant sa froide et pâle bouche sur la sienne, il la tint le plus long-temps qu'il put; et lui dit enfin : Je vous ai aimée d'un amour si grand et si honnête, qu'au mariage près je n'ai jamais souhaité de vous d'autre faveur que celle que je reçois maintenant. Mais comme Dieu n'a pas jugé à propos de nous unir par le mariage, je rends avec joie mon âme à celui qui est amour et parfaite charité, et qui sait combien je vous ai aimée, et combien mes désirs ont été honnêtes, le suppliant que, puisqu'il m'a fait la grâce d'avoir entre mes bras le cher objet de mes désirs, il lui plaise de recevoir mon âme en ses bonnes mains. En disant cela, il la reprit entre ses bras avec une telle véhémence, que son cœur affaibli, ne pouvant soutenir cet effort, fut abandonné de tous ses esprits; car la joie le dilata tellement, que son âme s'envola à son Créateur. Quoiqu'il y eût déjà du temps que le pauvre gentilhomme était expiré, et ne pût, par conséquent, retenir sa charmante homicide, l'amour qu'elle avait toujours caché éclata tellement dans cette touchante conjoncture, que la mère et les domestiques eurent bien de la peine à détacher du corps la vivante presque morte. Le pauvre gentilhomme fut enterré honorablement; mais le plus grand triomphe des obsèques furent les larmes et les cris de cette pauvre demoiselle, qui éclata après sa mort autant qu'elle s'était cachée durant sa vie, comme si elle eût voulu lui faire réparation du tort qu'elle lui avait fait. On m'a dit que quelque mari qu'on ait voulu lui donner pour la consoler, elle n'a jamais eu depuis de véritable joie.

Ne vous semble-t-il pas, messieurs, qui n'avez pas voulu m'en croire, que cet exemple suffit pour vous faire avouer qu'un amour parfait, trop caché et trop peu connu, mène les gens au tombeau? Il n'y a personne de vous qui ne connaisse les parents de part et d'autre : ainsi vous ne sauriez douter du fait ; mais ce sont de ces choses qu'on ne croit qu'après en avoir fait l'expérience. Hircan, voyant que les dames pleuraient: Voilà, dit-il, le plus grand fou dont j'ai entendu parler. Est-il raisonnable en bonne foi que nous mourrions pour les femmes, qui ne sont faites que pour nous, et que nous craignions de leur demander ce que Dieu leur commande de nous donner. Je ne parle pas pour moi ni pour les autres qui sont mariés; car pour moi j'ai autant ou plus de femmes qu'il ne m'en faut : mais je dis ceci pour ceux qui en ont besoin. Ils sont, ce me semble, bien sots de craindre celles qui les doivent craindre. Ne voyez-vous pas que cette fille se repentit de son imprudence? Puisqu'elle embrassait le mort, ce qui répugne à la nature, comptez qu'elle eût encore mieux embrassé le vivant, s'il eût eu autant de hardiesse qu'il fit de pitié en mourant. Avec cela, dit Oysille, il fit voir qu'il l'aimait honnêtement; et c'est de quoi il sera éternellement louable, car la chasteté dans un cœur amoureux est une chose plus divine qu'humaine. Madame, répondit Saffredant, pour confirmer ce qu'Hircan venait de dire, je vous prie de croire que la fortune favorise ceux qui sont hardis, et qu'il n'y a point d'homme aimé d'une dame qui n'en obtienne enfin ce qu'il demande, ou en tout, ou en partie, pourvu qu'il sache s'y prendre sagement et amoureusement : mais l'ignorance et la timidité font perdre aux hommes beaucoup de bonnes fortunes. Ce qu'il y a de singulier est qu'ils attribuent leur perte à la vertu de leur maîtrese, qu'ils n'ont jamais mise à la moindre épreuve. Comptez, madame, que jamais place n'a été bien attaquée sans être prise. Je suis surprise, dit alors Parlamente, que deux hommes comme vous osent tenir un pareil langage. Celles que vous avez aimées ne vous sont guère obligées, ou vous avez employé votre adresse sur des sujets si faciles, que vous avez cru que toutes les autres étaient de même. Pour moi, madame, répliqua Saffredant, j'ai le malheur de n'avoir pas de quoi me vanter; mais j'attribue bien moins mon malheur à la vertu des dames, qu'à la faute que j'ai faite de n'avoir pas assez sagement entrepris, ou conduit mes entreprises avec assez de prudence. Je ne produirai pour toute autorité, que la vieille du roman de La Rose, qui dit : *Sans contredit*, messieurs, *nous sommes faits toutes pour tous, et tous pour toutes.* Ainsi je suis persuadé que si une femme est une fois amoureuse, l'amant en viendra à bout, à moins qu'il ne soit une bête. Je vous en nommerais une, repartit Parlamente, qui aime bien, qui fut bien sollicitée, pressée et importunée, et demeura pourtant femme de bien, victorieuse de son amour et de son amant. Direz-vous que ce fait, qui est la vérité même, est impossible? Sans doute, je le dis, continua Saffredant. Vous êtes bien incrédule, dit encore Parlamente, si vous ne croyez l'exemple que Dagoucin vient de proposer. Puisque je vous prouve par un fait certain, reprit Dagoucin, l'amour vertueux d'un gentilhomme qui se soutint jusqu'au dernier soupir, je vous prie, madame, si vous savez quelque autre histoire à l'honneur de quelque dame, de vouloir bien nous la conter pour finir la journée.

Ne vous embarrassez point de la longueur, car il y a encore assez de temps pour dire beaucoup de bonnes choses. Puisque je dois finir la journée, dit Parlamente, je ne vous ferai pas long préambule, mon histoire étant si bonne, si fidèle et si véritable, que je voudrais déjà vous l'avoir contée. Je n'en ai pas été le témoin oculaire; mais je la tiens d'un des intimes amis du héros, qui me la raconta, à condition que si je la contais à mon tour, je changerais le nom des personnes. Ainsi tout ce que je vais vous dire est vrai, hormis les noms, les lieux et le pays.

X.

Les amours d'Amadour et de Florinde, où l'on voit plusieurs ruses et dissimulations, et l'exemplaire chasteté de Florinde.

Il y avait dans la comté d'Arande, en Aragon, une dame qui, toute jeune encore, demeura veuve du comte d'Arande, avec un fils et une fille qui se nommait Florinde. Comme elle passait pour être d'une des meilleures maisons d'Espagne, elle n'oublia rien pour élever ses enfants, selon leur qualité, à la vertu et à l'honnêteté. Elle allait souvent à Tolède, où le roi d'Espagne faisait alors son séjour ; et quand elle venait à Sarragosse, qui n'était pas éloigné de sa maison, elle demeurait long-temps à la cour de la reine, où elle était autant estimée que dame qu'il y eût. Allant un jour, selon sa coutume, faire la cour au roi, qui était pour lors en Sarragosse à sa maison de la Jaffière, elle passa par un village appartenant au vice-roi de Catalogne, qui ne quittait point les frontières de Perpignan, à cause des guerres qu'il avait à soutenir contre le roi de France. Mais comme la paix était alors faite, le vice-roi, accompagné de plusieurs officiers, était venu faire la révérence au roi. Le vice-roi, ayant eu avis que la comtesse d'Arande devait passer par ses terres, alla au-devant d'elle, soit pour lui confirmer l'estime qu'il avait pour elle depuis long-temps, soit qu'il voulût lui faire honneur, comme étant alliée de la couronne. Le vice-roi était accompagné de plusieurs gentilshommes de mérite, qui s'étaient acquis durant les guerres tant de gloire et de réputation, que chacun s'estimait heureux d'avoir leur société. Il y en avait un entre autres, nommé Amadour, qui, nonobstant son peu d'âge, qui ne passait pas dix-huit ou dix-neuf ans, avait un air si assuré, et le jugement si formé, qu'on l'eût jugé capable entre mille de gouverner une république. Il est vrai, qu'outre le bon sens, il avait une mine si engageante, et des agréments si vifs et si naturels, qu'on n'était jamais las de le regarder. Sa conversation répondait si bien à tout cela, qu'on ne savait de quoi la nature lui avait été plus libérale de la beauté du corps, ou des charmes de l'esprit. Mais ce qui le faisait le plus estimer était sa grande hardiesse, peu ordinaire à des gens de cet âge. Il avait fait voir en tant d'occasions de quoi il était capable, que non-seulement l'Espagne, mais aussi la France et l'Italie estimaient beaucoup ses vertus, ne s'étant jamais épargné dans toutes les guerres où il s'était trouvé. Quand son pays était en paix, il allait chercher la guerre chez les étrangers, et s'acquérait l'estime et l'amour des amis et des ennemis.

Ce gentilhomme se trouva, pour l'amour de son général, à la terre où la comtesse d'Arande était arrivée. Il ne put voir, sans en être touché, la beauté et les agréments de la fille de la comtesse, qui n'avait alors que douze ans. Il n'avait, ce lui semblait, jamais rien vu de si beau et de si honnête, et crut que s'il pouvait s'en faire aimer, il s'estimerait plus heureux que s'il possédait tous les biens et tous les plaisirs qui pourraient lui venir d'ailleurs. Après avoir bien balancé, il résolut enfin de l'aimer, malgré toutes les impossibilités que la raison lui faisait envisager pour le succès, soit à cause de la disproportion de la naissance, soit à cause de l'âge de la belle, qui ne pouvait encore écouter les discours tendres. Il opposait à ces obstacles une ferme espérance, et se promettait que le temps et la patience finiraient heureusement ses travaux. D'ailleurs, l'amour, qui s'était soumis de vive force le cœur d'Amadour, lui faisait espérer un dénouement agréable. Pour remédier à la plus grande difficulté, qui était l'éloignement de sa résidence, et le peu d'occasions qu'il avait de voir Florinde, il résolut de se marier, quoiqu'il eût promis le contraire aux dames de Barcelone et de Perpignan. Il avait fait un si long séjour sur ces frontières durant la guerre, qu'il avait plutôt l'air d'un Catalan que d'un Castillan, quoiqu'il fût né auprès de Tolède, d'une maison riche et distinguée. Comme il était cadet de sa maison, il n'avait pas beaucoup de bien; mais l'amour et la fortune, le voyant abandonné de ses parents, résolurent de faire un chef-d'œuvre, et de donner à sa vertu ce que les lois du pays lui refusaient. Il entendait fort bien l'art de la guerre, et les personnes du premier ordre avaient tant d'estime pour lui, qu'il refusait plus souvent leurs bienfaits, qu'il ne se mettait en peine de les demander.

La comtesse d'Arande arriva donc en Sarragosse, et fut très-bien reçue du roi et de toute la cour. Le gouverneur de Catalogne lui rendait de fréquentes visites, et Amadour n'avait garde de manquer à l'accompagner, pour le seul et unique plaisir de parler à Florinde. Pour se faire connaître en si bonne compagnie, il s'attacha à la fille d'un vieux chevalier son voisin. Cette fille s'appelait Aventurade; elle avait été élevée dès son enfance avec Florinde, et savait tous les secrets de son cœur. Soit qu'Amadour la trouvât à son gré, ou que trois mille ducats de rente qu'elle avait en mariage lui donnassent dans la vue, il lui parla comme voulant l'épouser. Elle l'écouta avec plaisir; mais comme il était pauvre, et que le vieux chevalier était riche, elle crut que le bonhomme ne consentirait jamais au mariage, qu'à la sollicitation de la comtesse d'Arande. Elle s'adressa donc à Florinde, et lui dit : Je crois, madame, que ce gentilhomme castillan qui, comme vous voyez, me parle ici souvent, a dessein de me rechercher en mariage. Vous savez quel homme est mon père, et vous voyez bien qu'il n'y consentira jamais, à moins que madame la comtesse et vous n'ayez la bonté de l'en prier de la bonne manière. Florinde, qui aimait la demoiselle comme elle-même, l'assura qu'elle en faisait son affaire propre. Aventurade fit tant qu'elle lui présenta Amadour, qui, en lui baisant la main, pensa évanouir de joie. Quoiqu'il passait pour un des hommes d'Espagne qui parlait le mieux, il ne put retrouver sa langue devant Florinde. Elle en fut fort surprise, car, quoi qu'elle n'eût que douze ans, elle se souvenait bien néanmoins d'avoir entendu dire qu'il n'y avait pas en Espagne un homme qui dît mieux ce qu'il voulait, et qui le dît de meilleure grâce.

Voyant donc qu'il ne lui disait mot, elle rompit le silence. Vous êtes si connu de réputation dans toute l'Espagne, lui dit-elle, qu'il serait surprenant, seigneur Amadour, que vous fussiez inconnu ici, et ceux qui vous connaissent souhaitent de trouver occasion de vous rendre service : ainsi, si je vous suis bonne à quelque chose, je vous prie de m'employer. Amadour, qui considérait les beautés de Florinde, était si transporté et si ravi, qu'à peine put-il la remercier de ses honnêtetés. Quoique Florinde fût surprise qu'il ne répondît rien, comme elle attribuait ce silence à quelque badinerie plutôt qu'à la force de l'amour, elle se retira sans dire autre chose. Amadour, démêlant les grandes vertus que la jeunesse commençait à faire briller en Florinde, dit à son introductrice : Ne vous étonnez point si j'ai perdu la parole devant Florinde, elle parle si sagement, et sa grande jeunesse cache tant de vertus, que l'admiration

m'a empêché de parler. Comme vous savez ses
secrets, je vous prie, Aventurade, de me dire
comment il est possible que les cœurs des princes
et seigneurs de cette cour puissent tenir contre
tant de charmes? Pour moi, je soutiens qu'il
faut être pierre ou bête pour la connaître et ne
la pas aimer. Aventurade, qui dès lors aimait
Amadour plus que tous les hommes du monde,
et qui ne voulait lui rien cacher, lui dit que
Florinde était aimée de tout le monde, mais
qu'à cause de la coutume du pays, elle parlait
à peu de gens, et qu'elle n'avait encore vu personne qui fît le passionné pour Florinde, que
deux jeunes princes espagnols qui voulaient
l'épouser; l'un de la maison, et fils de l'Enfant
fortuné, et l'autre le jeune duc de Cardonne.
Je vous prie de me dire, reprit Amadour, lequel
des deux vous croyez qu'elle trouve le plus à son
gré? Elle est si sage, repartit Aventurade,
que tout ce qu'on peut lui faire dire est qu'elle

ne veut que ce que voudra sa mère : mais, autant que nous en pouvons juger, elle aime mieux le fils de l'Enfant fortuné que le jeune duc de Cardonne. Je vous crois homme de si bon sens, ajouta-t-elle, que, si vous voulez, vous pouvez dès aujourd'hui démêler ce qui en est. Le fils de l'Enfant fortuné a été nourri à cette cour, et c'est le jeune prince le plus beau et le plus parfait qu'il y ait en Europe. Si nous autres filles avions voix en chapitre, ce mariage se ferait, et l'on verrait ensemble le plus charmant couple qui soit dans la chrétienté. Il faut que vous sachiez qu'encore qu'ils soient tous deux bien jeunes, et qu'elle n'ait que douze ans, et lui quinze, il y a déjà trois ans qu'ils s'aiment. Si vous voulez bien faire votre cour à Florinde, je vous conseille de vous mettre bien auprès du jeune prince. Amadour fut bien aise d'apprendre que Florinde aimait, espérant qu'avec le temps il deviendrait sinon son époux, au moins son

amant; car sa vertu ne lui faisait point de peur,
et toute sa crainte était qu'elle ne voulût rien
aimer.

Amadour n'eut pas beaucoup de peine à s'introduire auprès du fils de l'Enfant fortuné. Il en
eut encore moins à acquérir sa bienveillance;
car il savait faire tous les exercices que le jeune
prince aimait. Il était surtout bon homme de
cheval, savait bien faire des armes, et entendait
généralement tous les exercices qu'un jeune
homme doit savoir. La guerre recommençant
alors en Languedoc, Amadour fut obligé de s'en
retourner avec le gouverneur; mais ce ne fut
pas sans beaucoup de regrets qu'il s'éloigna de
Florinde. Avant son départ, il parla à son frère,
qui était majordome de la reine d'Espagne, lui
dit l'engagement où il était avec Aventurade, le
pria de faire de son mieux, durant son absence,
pour que son mariage réussît, d'y employer le
crédit du roi, de la reine et de tous ses amis.

Le gentilhomme, qui aimait son frère, tant parce qu'il était son frère que parce qu'il était honnête homme, lui promit de faire tout ce qu'il pourrait. Il fit si bien, que le père d'Aventurade, vieux et avare, oublia son avarice, et se laissa toucher aux vertus d'Amadour, qui lui étaient représentées par la comtesse d'Arande, et surtout par la belle Florinde, et par le jeune comte d'Arande, qui commençait à grandir, et à aimer en grandissant les gens vertueux. Après que le mariage eut été conclu entre les parents, le majordome fit venir son frère, à la faveur de la trève qu'il y avait alors entre les deux rois. Durant cette trève, le roi d'Espagne se retira à Madrid, à cause du mauvais air, et fit, à la prière de la duchesse d'Arande, le mariage de l'héritière duchesse de Médmacely et du petit comte d'Arande, tant pour le bien et union de leur maison, que pour la considération qu'il avait pour la comtesse. Les noces se firent au château de Madrid. Amadour se trouva à ses noces, et avança si fort les siennes, qu'il épousa celle à qui il avait plus donné d'amour qu'il n'en avait reçu ; aussi ne se mariait-il que pour avoir un prétexte plausible de fréquenter le lieu où était le charmant objet de sa passion.

Après son mariage, il se rendit si hardi, si familier chez la comtesse d'Arande, mais en même temps si agréable, qu'on ne se défiait de lui non plus que d'une femme. Quoiqu'il n'eût alors que vingt-deux ans, il était néanmoins si sage, que la comtesse lui communiquait toutes ses affaires, et commandait à son fils et à sa fille de l'entretenir, et de suivre ses conseils. Après avoir gagné un point si capital, il se conduisit si sagement et avec tant d'adresse, que Florinde même, qu'il aimait, ne s'en apercevait point. Comme Florinde aimait beaucoup la femme d'Amadour, elle avait tant de confiance au mari, qu'elle ne lui cachait rien; il fit même en sorte qu'elle lui déclara qu'elle aimait le fils de l'Enfant fortuné. Comme toutes ses vues n'allaient qu'à la gagner entièrement, il lui en parlait incessamment; car il ne se souciait guère de quoi il lui parlât, pourvu qu'il pût l'entretenir longtemps. A peine y avait-il un mois qu'il était marié, qu'il fut contraint de retourner en campagne, et fut plus de deux ans sans pouvoir revenir auprès de sa femme, qui était toujours où elle avait été nourrie. Il lui écrivit souvent durant ce temps-là; mais le fort de ses lettres était des compliments à Florinde, qui, de son côté, ne manquait pas de les lui rendre, et souvent même elle écrivait de sa main quelque bon mot dans la lettre d'Aventurade. Il n'en fallait pas davantage pour obliger le mari d'écrire fréquemment à sa femme. Florinde ne connaissait encore rien à tout cela, sinon qu'elle l'aimait comme s'il eût été son propre frère. Amadour ne fit qu'aller et venir, et, durant l'espace de cinq ans, il ne fut pas deux mois avec sa femme. Cependant, malgré l'éloignement et la longue absence, l'amour ne laissait pas non-seulement de se soutenir, mais même de se fortifier. Il arriva qu'Amadour vint voir sa femme, et trouva la comtesse bien loin de la cour. Le roi était allé à Andalousie, et avait emmené le jeune comte d'Arande, qui commençait déjà à porter les armes. La comtesse s'était retirée à une maison de plaisance qu'elle avait sur la frontière d'Aragon et de Navarre, et fut fort aise de voir Amadour, qu'elle n'avait pas vu depuis près de trois ans. Il fut bien reçu de tout le monde, et la comtesse commanda qu'on le traitât comme son fils. Pendant qu'il fut avec elle, elle lui communiqua toutes les affaires de sa maison, et en passa par où il voulut. En un mot, il se mit en si grand crédit dans cette maison, qu'on lui ouvrait la porte partout où il voulait entrer; et on était si prévenu de sa probité, qu'on se fiait en lui pour toutes choses, comme s'il eût été un ange du ciel. Pour Florinde, comme elle aimait Aventurade et Amadour, elle lui témoignait, partout où elle le voyait, qu'elle avait de l'affection pour lui, ne démêlant rien de ses intentions. Comme le cœur de Florinde était sans passion, elle sentait beaucoup de plaisir d'être auprès d'Amadour ; mais elle ne sentait rien de plus. Amadour se trouva fort embarrassé pour échapper à la pénétration de ceux qui connaissent par expérience la différence qu'il y a entre les regards d'un homme qui aime, et ceux d'un homme qui n'aime pas ; car, quand Florinde, qui faisait les choses sans dessein et sans conséquence, venait à lui parler familièrement, le feu qu'il cachait en son cœur brûlait avec tant de violence, qu'il ne pouvait empêcher que le visage ne s'en sentît, et qu'il ne sortît quelques étincelles par les yeux. Pour donner donc le change, il entra en commerce avec une fort belle dame qui avait nom Pauline; femme qui, de son temps, avait passé pour si belle, que peu d'hommes la voyaient et lui échappaient. Pauline, ayant appris comme Amadour avait fait l'amour à Barcelone et à Perpignan, et gagné le cœur des plus belles dames du pays, et surtout d'une certaine comtesse de Palamos, qui passait pour la première beauté de toute l'Espagne, lui dit un jour qu'elle le plaignait d'avoir épousé, après tant de bonnes fortunes, une femme aussi laide que la sienne. Amadour, qui comprit fort bien qu'elle avait la charité de vouloir suppléer à ses besoins, lui parla le plus obligeamment qu'il put, dans l'espérance de lui cacher une vérité en lui faisant croire un mensonge. Comme elle avait de l'expérience en amour, elle ne se contenta pas de paroles, et, sentant fort bien que le cœur d'Amadour ne s'accommodait pas du sien, elle ne douta point qu'il n'eût dessein de la faire servir de couverture. Dans ce soupçon, elle l'observait de si près, qu'il ne lui échappait pas un seul mouvement de ses yeux ; mais il sut si bien les régler, non sans beaucoup de peine, qu'elle n'en put jamais tirer que des conjectures. Florinde, qui ne s'apercevait point de ce qu'Amadour sentait pour elle, lui parlait si familièrement devant Pauline, qu'il avait une peine extrême à empêcher que ses yeux ne suivissent les mouvements de son cœur. Pour prévenir les inconvénients, parlant un jour à Florinde, appuyés tous deux sur une fenêtre, il lui dit : Je vous prie, madame, de me donner un conseil, et de me dire lequel vaut le mieux de parler ou de mourir? Je conseillerai toujours à mes amis de parler, répondit Florinde sans hésiter; car il y a peu de paroles auxquelles on ne puisse remédier ; mais, à la mort, il n'y a plus de retour. Vous me promettez donc, madame, reprit Amadour, que, non-seulement vous ne serez point fâchée de ce que je veux vous dire, mais même que vous n'en serez pas surprise, jusqu'à ce que je vous aie entièrement fait connaître mon intention. Dites ce qu'il vous plaira, répliqua Florinde, car, si vous me surprenez, qui que ce soit ne pourra me rassurer. Deux raisons, madame, dit alors Amadour, m'ont empêché de vous parler de la forte passion que j'ai pour vous; l'une, que je voulais vous la faire connaître par de longs services; et l'autre, que je craignais que vous ne regardassiez comme une grande vanité, qu'un simple gentilhomme comme moi portât ses désirs si haut. Quand ma naissance serait aussi illustre que la vôtre, un cœur aussi fidèle que le vôtre trouverait mauvais qu'autre que celui à qui vous l'avez donné vous parlât de tendresse. Mais, madame, comme la nécessité contraint, durant une forte guerre, à faire le dégât de son propre bien et à ruiner son blé en herbe, afin que l'ennemi n'en profite pas, de même je prends la liberté d'avancer le fruit que j'espérais cueillir avec le temps, de peur que vos ennemis et les miens ne profitent de notre perte. Je dois vous dire, madame, que dès le premier moment que j'ai eu l'honneur de vous voir, je me suis si entièrement consacré à votre service, quoique vous fussiez fort jeune, que je n'ai rien oublié pour m'acquérir votre bienveillance; et c'est pour cela que j'ai épousé la première de vos favorites. Vous voyez que j'ai eu le bonheur de me faire estimer de madame la comtesse votre mère, et de M. le comte votre frère, et de tous ceux que vous aimez, et qu'on me regarde ici, non comme un serviteur, mais comme l'enfant de la maison. Tous les soins que j'ai pris depuis cinq ans n'allaient qu'à me procurer le bonheur de passer toute ma vie avec vous. Je ne prétends de vous ni bien ni plaisir qui ne soit fondé sur la vertu. Je sais que je ne puis pas vous épouser, et quand je le pourrais, je ne le voudrais pas au préjudice de celui que je voudrais vous voir pour époux, et à qui vous avez donné votre cœur. De vous aimer d'un amour criminel, comme ceux qui prétendent que l'infamie des dames doit être la récompense de leurs longs services, c'est de quoi je suis si éloigné, que j'aimerais mieux vous voir morte, que de savoir que vous méritez d'être moins aimée, et que votre vertu reçût la moindre atteinte, quelque plaisir qu'il pût m'en revenir. Je ne vous demande qu'une chose en récompense de mes longs services, c'est de vouloir être ma souveraine, de me conserver toujours l'honneur de votre bienveillance, de me laisser dans l'état où je suis, et de vous fier en moi plus qu'en personne. Au surplus, madame, faites-moi l'honneur d'être bien persuadée, qu'en quelque chose que ce pût être, si vous aviez besoin de la vie d'un gentilhomme qui vous estime et vous respecte infiniment, vous pourriez compter sur la mienne que je sacrifierais de bon cœur. Je vous supplie de croire encore, madame, que tout ce que je ferai d'honnête et de vertueux sera fait pour l'amour de vous. Si j'ai fait pour des dames qui n'avaient pas le mérite que vous avez, des choses dont on ait fait cas, que ne ferai-je point pour une personne comme vous ? Je trouverai faciles les choses que je trouvais difficiles et impossibles. Mais, si vous ne trouvez pas bon que je sois tout à vous, ma résolution est de quitter les armes, et de renoncer à la vertu qui ne m'aura pas secouru au besoin. Je vous supplie donc, madame, de m'accorder la juste grâce que je vous demande, et que vous ne pouvez me refuser en conscience et avec honneur.

Florinde changea de couleur à un discours si nouveau pour elle. La surprise lui fit baisser la vue; mais comme elle était sage, elle lui répondit : Faut-il une si longue harangue, Amadour, pour me demander ce que vous avez déjà? Je crains si fort que, sous vos honnêtetés apparentes, il n'y ait quelque chose de malin dont ma jeunesse peu éclairée soit la dupe, que je ne sais ce que je dois vous répondre. De refuser l'honnête amitié que vous m'offrez, je ferais le contraire de ce que j'ai fait jusqu'ici; et vous êtes seul en qui j'ai eu le plus de confiance. Ma conscience et mon honneur ne répugnent, ni à votre demande, ni à l'amour que j'ai pour le fils de l'Enfant fortuné, puisqu'il est fondé sur le mariage auquel vous ne prétendez pas. Rien ne m'empêche donc de vous répondre suivant vos désirs, que le peu de sujets que je sais que vous avez de me parler comme vous faites. Si vous avez déjà ce que vous demandez, d'où vient que vous le demandez encore avec tant d'empressement? Vous parlez très-prudemment, madame, répondit Amadour; qui avait la réplique prête, et vous me faites tant d'honneur et tant de justice d'avoir en moi la confiance que vous dites, que si je n'étais pas content d'un tel bien, je serais indigne de tous les autres. Mais considérez, madame, que qui veut bâtir un édifice perpétuel, doit commencer par un fondement bon et solide. Comme je me consacre pour toujours à votre service, je songe non-seulement aux moyens d'être auprès de vous, mais même à empêcher qu'on ne s'aperçoive de l'attachement que j'ai pour vous. Quoique cet attachement, madame, soit fort honnête, cependant ceux qui ne connaissent pas le cœur des amants en jugent souvent mal ; et cela donne occasion à autant de bruits que si les conjectures étaient bien fondées. Ce qui me fait prendre les devants, c'est, madame, que Pauline, qui sent bien que je ne saurais l'aimer, me soupçonne tellement, qu'en quelque lieu que je sois, elle a continuellement les yeux sur moi. Quand vous me parlez devant elle avec tant de bonté, j'ai tant de peur de faire quelque mouvement qui puisse lui donner lieu à former quelque jugement, que je tombe dans l'inconvénient que je veux éviter. C'est ce qui m'oblige, madame, de vous supplier de ne me pas parler à l'avenir si à coup devant elle, et devant celles que vous connaîtrez aussi malignes qu'elle; car je vous proteste, madame, que j'aimerais mieux être mort, que si quelqu'un s'en apercevait. Si votre honneur m'était moins cher, je ne me serais pas pressé de vous dire ceci, m'estimant si heureux, et étant si content de l'amour que vous avez pour moi, et de la confiance que vous me témoignez, que je ne demande rien de plus que la continuation de vos bontés.

Florinde fut si satisfaite, qu'elle avait de la peine à se contenir, et sentit dès lors dans son cœur des mouvements qui ne lui étaient pas ordinaires. La vertu et l'honnêteté répondent pour moi, lui dit-elle, ravie des sages raisons qu'il lui alléguait, et vous accordent ce que vous demandez. Si Amadour fut ravi de joie, c'est de quoi ceux qui aiment ne peuvent douter. Florinde suivit mieux son conseil qu'il n'aurait souhaité, car comme elle craignait non-seulement devant Pauline, mais aussi partout ailleurs, elle ne le rechercha plus comme elle avait de coutume. Elle trouva même mauvais le commerce qu'il avait avec Pauline, qui lui paraissait si belle, qu'elle ne pouvait croire qu'il ne l'aimât pas. Florinde passait son chagrin avec Aventurade, qui commençait à être fort jalouse de son mari et de Pauline. Elle faisait ses doléances à Florinde, qui, étant malade du même mal, la consolait du mieux qu'elle pouvait.

Amadour, s'étant bientôt aperçu du changement de Florinde, crut non-seulement qu'elle était en réserve, comme il lui avait conseillé, mais même qu'elle avait conçu de lui des sentiments désavantageux. Un jour qu'il l'accompagnait au retour d'un couvent où elle avait été pour entendre vêpres: Quel visage me faites-vous, madame, lui-dit-il? Tel que je crois que vous le voulez, répondit Florinde. Se défiant alors de la vérité, et pour s'en éclaircir encore mieux, il lui dit : J'ai tant fait, madame, que Pauline ne vous soupçonne plus. Vous ne sauriez mieux faire pour vous et pour moi, lui répliqua-t-elle, car en vous faisant plaisir vous me faites honneur. Amadour, comprenant par là qu'elle croyait qu'il se faisait un plaisir de parler à Pauline, en fut si outré, qu'il ne put s'empêcher de lui dire en colère : Vous commencez bientôt, madame, à me faire souffrir. Je suis plus à plaindre qu'à blâmer, et la plus cruelle mortification que j'ai eu de ma vie est la fâcheuse nécessité où je me trouve réduit de parler à une femme que je n'aime pas. Puisque vous expliquez mal ce que j'ai fait pour votre service, je ne parlerai jamais à Pauline, quoi qu'il puisse en arriver. Pour cacher mon déplaisir, comme j'ai caché ma joie, je vais me retirer en quelque lieu du voisinage, où j'attendrai que votre fantaisie ait passé. Mais j'espère que je recevrai nouvelles de mon général, et je serai obligé de retourner à l'armée, où je demeurerai si long-temps, que j'espère que vous connaîtrez que rien ne me retient ici que vous ; et en disant cela, il se retira sans attendre sa réponse ; ce qui causa à Florinde un ennui et une tristesse qu'il n'est pas possible d'exprimer. Ainsi commença l'amour par son contraire à faire sentir sa force. La belle, revenue à elle, et reconnaissant qu'elle avait tort, écrivit à Amadour, le priant de revenir ; ce qu'il fit, après que sa colère fut un peu calmée. Je ne puis pas bien vous faire le détail de ce qu'ils se dirent pour détruire ces préjugés de jalousie ; mais je puis vous dire qu'il se justifia si bien, qu'elle lui promit de ne croire jamais non-seulement qu'il aimât Pauline, mais qu'elle demeurerait convaincue que ce serait pour lui un martyre des plus cruels de parler à elle ou à quelqu'autre, que dans la seule vue de lui rendre service.

Après que l'amour eut dissipé cet ombrage, et lorsque les amants commençaient à prendre plus de plaisir que jamais à s'entretenir, on reçut nouvelles que le roi d'Espagne envoyait toute son armée à Salses. Amadour, qui avait coutume d'être à l'armée des premiers, n'eut garde de manquer cette nouvelle occasion d'acquérir une nouvelle gloire; mais il est vrai qu'il partit avec regret contre son ordinaire, soit à cause du plaisir qu'il perdait, que parce qu'il craignait de trouver du changement à son retour. Il considérait que Florinde avait déjà quinze ans, que plusieurs princes et grands seigneurs la recherchaient, et concluait que, si elle se mariait pendant son absence, il n'aurait plus occasion de la voir, à moins que la comtesse d'Arande ne lui donnât Aventurade pour compagnie. Il mena si bien son affaire, et sut si adroitement remuer ses amis, que la comtesse et Florinde lui promirent, qu'en quelque lieu qu'elle fût mariée,

sa femme ne la quitterait jamais. Et, comme
on parlait alors de la marier en Portugal, il fut
résolu qu'Aventurade l'y accompagnerait. Sur
cette assurance, Amadour partit, non sans un
extrême regret, et laissa sa femme avec la comtesse.

Florinde, se trouvant seule après le départ de
son amant, vécut d'une telle manière qu'elle espérait, par là, d'acquérir la réputation de la plus
parfaite vertu, et de faire avouer à tout le monde
qu'elle méritait un amant d'un si bon caractère. Amadour de son côté, arrivé à Barcelone,
fut à l'ordinaire parfaitement bien reçu des dames; mais elles le trouvèrent si changé, qu'elles
n'auraient jamais cru que le mariage eût pu
métamorphoser un homme de cette manière.
En effet, il n'était plus le même, et on dit qu'il
se fâchait de voir les choses qu'il désirait autrefois; et la comtesse de Palamos, qu'il avait tant
aimée, ne put jamais trouver moyen de le faire

seulement aller chez elle. Comme Amadour avait
de l'impatience d'arriver au lieu où il y avait de
l'honneur à acquérir, il ne demeura que le moins
qu'il put à Barcelone. Il ne fut pas plus tôt arrivé
à Salses, que la guerre commença fort cruellement entre les deux rois. Je n'entrerai ni dans
le détail de cette guerre, ni dans l'énumération
des actions héroïques qu'Amadour y fit ; car,
au lieu de conter une nouvelle, il faudrait faire
un gros livre. Il suffit de dire que sa renommée
l'emportait sur ses compagnons.

Le duc de Nagyères, qui commandait deux
mille hommes, arriva à Perpignan, et pria Amadour d'être son lieutenant. Il fit si bien son devoir avec son petit corps, qu'à toutes les escarmouches on n'entendait crier que Nagyères. Il
arriva que le roi de Tunis, qui depuis long-temps
était en guerre avec les Espagnols, apprenant
que l'Espagne et la France se faisaient la guerre
du côté de Perpignan et de Narbonne, crut qu'il

devait profiter de l'occasion pour chagriner le roi d'Espagne, et envoya grand nombre de vaisseaux pour piller et ruiner tout ce qu'ils trouveraient mal gardé sur les frontières d'Espagne. Ceux de Barcelone, voyant passer tant de vaisseaux, en donnèrent avis au roi, qui était à Salses, et qui envoya d'abord le duc de Nagyères à Palamos. Les Barbares, trouvant le lieu si bien gardé, firent semblant de passer outre ; mais ils revinrent durant la nuit, et mirent tant de gens à terre, que le duc de Nagyères, s'étant laissé surprendre, fut emmené prisonnier. Amadour, qui était fort vigilant, entendant le bruit, assembla incontinent le plus de ses gens qu'il put, et se défendit si bien, que les ennemis, quelque supérieurs qu'ils fussent, furent long-temps sans pouvoir l'endommager. Mais enfin, ayant appris que le duc de Nagyères était prisonnier, et que les Turcs étaient résolus de brûler Palamos et la maison où il faisait ferme, il aima mieux se rendre que d'être cause de la perte de ceux qui l'avaient suivi. D'ailleurs, se mettant à rançon, il espérait encore de voir Florinde. Il se rendit donc à un Turc, nommé Derlin, gouverneur du roi de Tunis. Derlin le mena à son maître. Il fut honoré et fort bien reçu, mais encore mieux gardé; car, l'ayant entre les mains, ils croyaient tenir l'Achille de l'Espagne. Il fut près de deux ans au service du roi de Tunis.

Les nouvelles de cet accident arrivées en Espagne, les parents du duc de Nagyères furent fort affligés de son malheur; mais ceux qui aimaient la gloire du pays, crurent avoir perdu bien davantage en perdant Amadour. Le bruit en vint chez la comtesse d'Arande, où était alors la pauvre Aventurade, dangereusement malade. La comtesse, qui se défiait beaucoup des tendres sentiments qu'Amadour avait pour sa fille, ce qu'elle souffrait et dissimulait en considération des vertus qu'elle reconnaissait en lui, appela sa fille en particulier pour lui apprendre ces fâcheuses nouvelles. Florinde, qui savait bien dissimuler, lui dit que la perte était grande pour toute leur maison, et qu'elle plaignait surtout sa pauvre femme, qui, pour surcroît d'affliction, était malade. Mais, voyant que sa mère pleurait beaucoup, elle laissa couler quelques larmes pour lui tenir compagnie, de peur que, par trop feindre, la feinte ne fût découverte. La comtesse lui en parla souvent depuis; mais elle n'en put jamais tirer de quoi faire un jugement certain. Je ne dirai rien des voyages, des prières, des oraisons et des jeûnes que faisait ordinairement Florinde pour la conservation d'Amadour. On ne l'eut pas plus tôt conduit à Tunis, qu'il donna de ses nouvelles à ses amis, et envoya un exprès à Florinde, pour lui faire savoir qu'il était en bonne santé, et plein d'espérance de la revoir; ce qui fut pour elle une grande consolation. Il ne faut pas demander si elle pouvait écrire; car elle le fit avec tant de diligence, qu'Amadour n'eut pas le temps de s'impatienter.

En ce temps-là la comtesse eut ordre de se rendre à Sarragosse, où était le roi. Le jeune duc de Cardonne s'y trouva, et agit si puissamment auprès du roi et de la reine, qu'ils prièrent la comtesse de conclure le mariage de lui et de Florinde. La comtesse, qui ne pouvait et ne voulait rien refuser à leurs majestés, y consentit d'autant plus volontiers, qu'elle croyait que sa fille, dans l'âge où elle était, n'aurait d'autre volonté que la sienne. Tout étant fait, elle dit à sa fille qu'elle lui avait choisi le parti qu'elle avait cru le plus avantageux. La fille, voyant qu'il n'y avait point à délibérer, puisque la chose était faite, prit le parti de l'obéissance. Pour surcroît de malheur, elle apprit que l'Enfant fortuné était à l'extrémité. Elle ne témoigna jamais rien de son déplaisir, ni devant sa mère, ni devant personne, et se contraignit si bien,

qu'au lieu de larmes, il lui prit un saignement
de nez si abondant, qu'elle fut en danger de la
vie. Pour se rétablir, elle épousa celui qu'elle
haïssait plus que la mort. Les noces étant faites,
Florinde s'en alla avec son mari dans le duché
de Cardonne, et emmena Aventurade, à qui elle
faisait confidence en particulier, et des manières
dures de sa mère, et du regret qu'elle avait d'a-
voir perdu l'Enfant fortuné; mais, pour Amadour, elle ne lui en parlait que pour la consoler.
Florinde résolut donc de mettre Dieu et l'honneur devant ses yeux, et de cacher si bien ses
ennuis, que personne des siens ne s'aperçût jamais que son mari ne fût pas à son gré. Florinde
soutint long-temps cette vie, qui ne valait guère
mieux que la mort. Elle ne manqua pas de donner avis de tout à Amadour, qui, connaissant
son grand cœur, et n'ignorant pas l'amour qu'elle
avait pour l'Enfant fortuné, crut qu'il était impossible qu'elle vécût long-temps, et la regretta

comme une personne qu'il estimait pire que morte. Cette affliction augmenta celle qu'il avait déjà; il eût voulu être esclave toute sa vie, et que Florinde eût eu un époux selon son cœur. L'idée des ennuis de son amie lui faisait oublier les siens. Sur ces entrefaites, il apprit, par un ami qu'il s'était fait à la cour du roi de Tunis, que ce prince était résolu de lui faire présenter le pal, ou qu'il renonçât à sa foi, parce qu'il avait envie de le retenir en cas qu'il en pût faire un bon Turc. Pour prévenir le coup, il fit si bien avec son maître, qu'il le laissa aller sur sa parole sans en parler au roi, et mit sa rançon à un si haut prix, qu'il ne croyait pas qu'un homme qui avait si peu de bien pût jamais la trouver.

De retour à la cour d'Espagne, il y fit peu de séjour, et s'en alla chercher sa rançon dans la bourse de ses amis. Il fut droit à Barcelone, où le jeune duc de Cardonne, sa mère, et Florinde étaient pour affaires. Aventurade n'eut pas plus

tôt appris que son mari était revenu, qu'elle
le dit à Florinde, qui s'en réjouit pour l'amour
d'elle. Mais de peur que la joie de revoir Amadour ne produisît sur son visage un changement
qui pût être mal expliqué par ceux qui ne le
connaissaient pas, elle se tint à la fenêtre pour
le voir venir de loin, et ne l'aperçut pas plus tôt,
que, descendant par un escalier si obscur, qu'il
n'était pas possible de discerner si elle changeait
de couleur, elle l'embrassa, le mena dans sa
chambre, et le présenta ensuite à sa belle-mère,
qui ne l'avait jamais vu. Il n'eut pas là demeuré
deux jours, qu'il y fut autant aimé que chez la
comtesse d'Arande. Je ne vous dirai rien des
conversations que Florinde et Amadour eurent
ensemble, ni des compliments qu'il lui fit sur
ce que son absence l'avait fait souffrir. Après
plusieurs larmes du regret que la belle avait, tant
d'être mariée contre son inclination, que d'avoir
perdu celui qu'elle aimait avec tant de passion,

et qu'elle n'espérait jamais de revoir, elle prit
résolution de se consoler avec Amadour qu'elle
aimait, et en qui elle avait une entière confiance.
Cependant elle n'osait s'en expliquer; mais lui,
qui s'en défiait, ne perdait ni temps ni occasion
pour lui faire connaître combien il l'aimait.

Florinde ne pouvant plus se défendre de faire
passer Amadour de l'état d'amant espérant à la
condition d'amant favorisé, il arriva un contre-
temps fâcheux. Le roi, pour une affaire importante, manda à Amadour de se rendre à la cour.
Sa femme fut si frappée de cette nouvelle, qu'elle
s'évanouit, et, tombant d'un degré où elle était,
elle se blessa si fort qu'elle n'en est jamais revenue. Florinde, qui par cette mort perdait toute
sa consolation, en fut aussi affligée que le serait une personne qui aurait perdu tous ses bons
parents et amis. Amadour était inconsolable, car
d'un côté il perdait la femme la plus sage qui
fut jamais, et de l'autre le moyen de revoir Flo-

rinde. Tant de sujets de chagrin l'accablèrent tellement, qu'il pensa mourir subitement. La vieille duchesse de Cardonne était toujours à son lit, et était là pour le consoler de toute sa philosophie; mais tout cela ne faisait rien, car si la mort d'un côté l'affligeait, l'amour de l'autre le rendait martyr.

La femme d'Amadour enterrée, et les ordres du roi étant pressants, il n'y avait pas moyen de faire un plus long séjour; ce qui augmenta si fort son désespoir, que la tête pensa lui tourner. Florinde, qui le consolait et qui avait besoin elle-même de consolation, passa toute une après-dînée à l'entretenir le plus honnêtement qu'il lui fut possible, croyant le consoler un peu, en l'assurant qu'elle trouverait moyen de le voir plus souvent qu'il ne pensait. Comme il devait partir le lendemain, et qu'il était si faible qu'il ne pouvait quitter le lit, il la supplia de revenir le voir le soir, après que chacun y aurait été.

Elle promit de le faire, ne sachant pas qu'un amour extrême ne connaît point de raison. Désespérant donc de voir à l'avenir Florinde, qu'il avait si long-temps aimée, et de qui il n'avait jamais eu que ce que vous avez vu, il fut tellement combattu de son amour et de son désespoir, qu'il résolut, comme on dit, de jouer à quitte ou à double, c'est-à-dire de tout gagner ou de tout perdre, et de se payer en une heure de ce qu'il croyait avoir mérité. Il fit mettre à son lit de si bons rideaux, que ceux qui étaient dans la chambre n'auraient su le voir, et se plaignait beaucoup plus qu'à l'ordinaire; de sorte que tous ceux de la maison ne croyaient pas qu'il eût encore vingt-quatre heures à vivre.

Après que chacun eut fait, le soir, sa visite, Florinde, à la sollicitation même de son mari, vint faire la sienne, résolue, pour le consoler, de lui déclarer son affection, et de lui dire, sans détour, ni sans enveloppe, qu'absolument elle voulait l'aimer autant que l'honneur pourrait le lui permettre. Assise dans une chaise, qui était au chevet du lit d'Amadour, elle commença, pour le consoler, par pleurer avec lui. Amadour, la voyant attendrie, crut avoir trouvé l'heure du berger, et se leva sur son lit. Florinde, qui crut qu'il était trop faible, se mit en devoir de l'en empêcher. Faut-il que je vous perde pour jamais, lui dit-il à genoux? Et en disant cela, il se laissa tomber entre ses bras, comme un homme à qui les forces manquent. La pauvre Florinde l'embrassa, et le soutint fort long-temps, faisant de son mieux pour le consoler; mais le remède qu'elle lui donnait, pour diminuer sa douleur, l'augmentait de beaucoup. En effet, faisant le demi-mort, et ne parlant point, il se mit en devoir de chercher ce qui fait l'honneur des femmes. Florinde, voyant sa mauvaise intention, et ne pouvant la croire, attendu les honnêtes discours qu'il lui avait toujours tenus, lui demanda ce qu'il voulait faire. Amadour, craignant la réponse de la belle, qu'il savait ne pouvoir être que chaste et honnête, alla, sans rien dire, à ce qu'il cherchait. Florinde, bien surprise, aimant mieux croire que la tête lui avait tourné, que de croire qu'il en voulût à son honneur, appela, tout haut, un gentilhomme qu'elle savait être dans la chambre. Amadour, au dernier désespoir, se rejeta sur son lit si brusquement, que le gentilhomme crut qu'il était expiré. Florinde, qui s'était levée de sa chaise, envoya le gentilhomme chercher du vinaigre, et dit alors à Amadour : Etes-vous fou, Amadour? qu'est-ce que vous avez voulu faire? Des services aussi longs que les miens, répondit Amadour, à qui l'amour avait ôté la raison, méritent-ils tant de cruauté? Et où est l'honneur que vous m'avez prêché tant de fois, répondit Florinde? Ah! madame, repartit Amadour, il me semble qu'on ne peut pas plus aimer votre honneur que j'ai fait. Tant que vous avez été à marier, j'ai si bien su vaincre ma passion, que vous ne vous en êtes jamais aperçue; mais à présent que vous êtes mariée, et que votre honneur est à couvert, vous fais-je tort de vous demander ce qui m'appartient? car ne vous ai-je pas gagnée par la force de mon amour. Le premier qui a eu votre cœur a si peu cherché votre corps, qu'il a mérité de perdre l'un et l'autre. Celui qui possède votre corps est indigne d'avoir votre cœur, et par conséquent votre corps même ne lui appartient pas. Mais j'ai tant pris de peines pour vous depuis cinq ou six ans, que vous ne pouvez ignorer, madame, qu'à moi seul n'appartient votre corps et votre cœur, pour lesquels je me suis oublié moi-même. Si vous prétendez vous excuser sur la conscience, vous devez compter que ceux qui connaissent, par expérience, ce que peut l'amour, vous condamneront. En effet, vous m'avez ravi ma liberté, et vos attraits ont tellement ébloui mes sens, que, ne sachant désormais que faire, je suis contraint de m'en aller, sans espérance de vous revoir jamais. Cependant, en quelque lieu que je sois, ou sur terre, ou sur mer, ou entre les mains de mes ennemis, vous devez être assurée que mon cœur sera toujours à vous. Mais si j'avais de vous, avant mon départ, l'assurance que mon amour mérite, je soutiendrais patiemment les ennuis de cette longue absence. Mais si vous ne m'accordez pas ce que je vous demande, vous apprendrez bientôt que votre rigueur m'aura cruellement fait mourir.

Florinde, aussi étonnée que fâchée d'entendre parler ainsi un homme dont elle ne se serait jamais défiée : Sont-ce là, Amadour, répondit-elle, en pleurant, les beaux et sages discours que vous m'avez tenus durant ma jeunesse? est-ce l'honneur et la conscience dont vous m'avez si souvent conseillé de faire plus de cas que de ma propre vie? avez-vous oublié les dames qui ont

tenu bon contre l'amour criminel, et que vous
m'avez proposées comme des exemples de vertu à
imiter? et ne vous souvenez-vous plus du mépris
que vous avez témoigné pour celles qui ont eu
la faiblesse de succomber à cette sale passion?
Je ne puis croire, Amadour, que vous soyez si
différent de vous-même, que votre conscience
et mon honneur ne vous soient plus d'aucune
considération. Si ce que vous dites est vrai, je
loue Dieu d'avoir prévenu le malheur où j'allais
me précipiter, en me faisant connaître, par votre
langue, le fond de votre cœur, que je n'ai jamais
bien connu qu'à présent. Après avoir perdu le
fils de l'Enfant fortuné, non-seulement par mon
mariage, mais parce que je sais qu'il en aime
une autre, et me voyant mariée à un homme
que je ne puis aimer, quelques efforts que je
fasse, j'avais résolu de vous aimer de tout mon
cœur, fondant cette amitié sur la vertu qui m'a-
vait paru en vous, et que je crois avoir acquise

par votre moyen, qui est d'aimer mon honneur
et ma conscience plus que ma propre vie. Dans
ces vues d'honnêtetés, j'étais venue, Amadour,
pour faire, avec vous, un bon fondement pour
l'avenir; mais vous m'avez fait voir que j'aurais
bâti sur le sable mouvant, ou plutôt sur de la
boue infâme. Une grande partie de l'ouvrage
était fait par rapport à moi; mais vous avez tout
renversé d'un seul coup. Ainsi n'espérez plus rien
de moi, et ne vous avisez pas de jamais me parler,
en quelque lieu que je sois, ni de la langue ni
des yeux; et comptez que je ne changerai jamais
de sentiment. Je vous le dis avec un extrême
regret. Si je vous avais juré une amitié parfaite,
je sens bien que mon cœur n'aurait pu, sans
mourir, soutenir cette rupture, quoiqu'à dire
vrai, l'étonnement où je suis d'avoir été trompée
est si grand et si douloureux, que s'il n'abrège
pas ma vie, il la rendra du moins bien malheureuse. Je n'ai plus rien à vous dire, sinon un

adieu éternel. Je n'entreprendrai point de vous dire quel fut l'accablement où se trouva Amadour après un tel discours. Il serait non-seulement impossible de l'écrire, mais même de se l'imaginer, sinon à ceux qui se sont trouvés en pareil cas.

Amadour, voyant qu'elle s'en allait après cette cruelle conclusion, l'arrêta par le bras, bien persuadé qu'il la perdrait pour toujours, à moins qu'il ne lui ôtât les sentiments qu'il lui avait donnés. J'ai souhaité, toute ma vie, madame, lui dit-il, en composant son visage du mieux qu'il put, d'aimer une femme de vertu; et comme j'en ai peu trouvé, j'ai voulu savoir si vous étiez autant estimable du côté de la vertu que du côté de la beauté; de quoi je suis, maintenant, grâce à Dieu, pleinement convaincu. Je me félicite d'avoir donné mon cœur à tant de perfections, et je vous supplie, madame, de faire grâce à mon caprice et à mon audace, puisque le dénouement vous en est si glorieux, et me fait tant de plaisir. Florinde, qui commençait à connaître la malice des hommes, par ce qui venait de lui arriver, comme elle avait été difficile à croire le mal où il était, elle le fut encore davantage à croire le bien où il n'était pas, et lui dit : Plût à Dieu que ce que vous dites fût vrai ; mais je ne suis pas si ignorante, que l'état de mariage où je suis ne me fasse connaître clairement que la force de la passion et l'aveuglement vous ont fait faire ce que vous avez fait. Si j'avais eu le malheur de lâcher la main, je suis assurée que vous n'auriez pas retiré la bride. Ce n'est pas par ce chemin-là qu'on cherche la vertu. Mais c'est assez, j'ai cru du bien de vous. Je connais présentement ce qui en est, et je ne suis plus dans l'erreur. En disant cela, Florinde sortit, et ne fit, toute la nuit, que pleurer. Elle avait tant de douleur de ce changement, que son cœur eut bien de la peine à soutenir les regrets que l'amour lui causa. La raison lui disait qu'elle ne devait plus l'aimer; mais le cœur, dont on n'est pas le maître, lui disait tout autre chose. Ne pouvant donc se résoudre à l'aimer moins qu'à l'ordinaire, et sachant que l'amour lui faisait faire cette faute, elle résolut de satisfaire à l'amour, et de l'aimer de tout son cœur; mais de n'en rien témoigner pour satisfaire à son honneur.

Amadour partit le lendemain, content comme vous pouvez juger. Cependant, comme il avait le cœur grand, bien loin de se désespérer, il souhaita, tout de nouveau, de revoir Florinde, et de regagner sa bienveillance. Ayant donc pris le chemin de Tolède, où était le roi d'Espagne, il passa par la comté d'Arande, où il arriva un soir fort tard, et trouva la comtesse fort malade de chagrin de l'absence de Florinde. Elle baisa et embrassa Amadour, comme si ç'eût été son propre fils, tant parce qu'elle l'aimait, que parce qu'elle se défiait qu'il aimait Florinde. Elle lui en demanda des nouvelles, et il lui en dit autant qu'il lui fut possible, mais non pas toutes véritables. Il lui avoua l'amitié qu'il y avait entre eux, ce que Florinde avait toujours caché, la pria de lui faire avoir souvent de ses nouvelles, et de la retirer bientôt auprès d'elle. Il passa la nuit avec la comtesse, et partit le lendemain.

Après avoir fait ses affaires avec la reine, il partit pour l'armée, si triste, et si prodigieusement changé, que ni les dames ni les officiers qu'il fréquentait ne le connaissaient plus. Il ne portait que des habits noirs, encore étaient-ils d'une frise beaucoup plus grosse qu'il ne le fallait pour le deuil de sa femme, qui couvrait heureusement celui qu'il avait dans le cœur. Amadour fut ainsi trois ou quatre ans sans revenir à la cour. La comtesse d'Arande, ayant appris que Florinde faisait pitié, tant elle était changée, l'envoya quérir, espérant qu'elle reviendrait auprès d'elle ;

mais cela n'arriva pas: car Florinde, ayant eu avis qu'Amadour avait déclaré leur amitié à sa mère, se trouva fort en peine. Elle considérait, d'un côté, que, si elle disait la vérité à sa mère, Amadour pouvait en recevoir du déplaisir; ce qu'elle n'aurait voulu faire pour sa vie, se croyant en état de punir son insolence sans le secours de ses parents. Elle voyait, d'un autre côté, que, cachant le mal, sa mère et ses amis l'obligeraient à lui parler, et à lui faire bonne mine, craignant par là d'entretenir ou de fortifier ses mauvaises intentions. Mais, le voyant éloigné, elle n'en fit pas semblant, et ne lui écrivit que quand la comtesse le lui ordonna : aussi Amadour connut si bien que ses lettres venaient plutôt d'obéissance que de bonne volonté, qu'il languissait en les lisant, au lieu qu'autrefois il ne les recevait qu'avec des transports de joie.

Après avoir fait, durant deux ou trois ans, tant de belles choses, que tout le papier d'Espagne ne saurait les contenir, il crut avoir trouvé moyen de regagner le cœur de Florinde. Pour vaincre son ennemie, puisqu'elle se déclarait telle contre lui, il mit à part et la raison et la crainte de la mort. Son parti étant pris, il fit tant auprès du général, qu'il fut député pour aller entretenir le roi sur certaines entreprises qu'on faisait sur Leucate; et sans se mettre en peine des suites, il communiqua le sujet de son voyage à la comtesse d'Arande avant que d'en avoir parlé au roi. Comme il savait que Florinde était auprès de sa mère, il se rendit en poste chez la comtesse, sous prétexte de vouloir prendre son conseil. Il envoya un de ses amis pour l'avertir qu'il venait pour la prier de n'en rien dire, et de trouver bon qu'il lui parlât de nuit sans que personne en sût rien. La comtesse, bien joyeuse de cette nouvelle, en fit part à Florinde, et l'envoya déshabiller dans la chambre de son mari, afin qu'elle fût prête quand elle la ferait avertir, et que chacun serait retiré. Florinde, qui n'était pas encore revenue de sa première peur, n'en témoigna pourtant rien à sa mère, et s'en alla à son oratoire se recommander à Dieu, et le prier de vouloir garantir son cœur de toute faiblesse. Se souvenant qu'Amadour l'avait souvent louée de sa beauté, qui n'avait rien perdu par sa longue maladie, elle aima mieux la diminuer elle-même, que de souffrir qu'elle allumât un feu si criminel dans le cœur d'un si honnête homme. Pour cet effet, elle prit une pierre qu'elle trouva à point nommé, et s'en donna de si grands coups par le visage, que sa bouche, ses yeux, son nez en demeurèrent tout défigurés. Afin qu'on ne s'aperçût pas qu'elle l'eût fait, quand la comtesse l'envoya quérir, elle se laissa tomber en sortant de l'oratoire. La comtesse accourut à ses cris, et la trouva dans ce triste état. Florinde se releva, et dit à sa mère qu'elle avait donné du visage contre une grosse pierre. Elle fut incontinent pansée, et son visage bandé. Ensuite la comtesse la fit passer dans sa chambre, et la pria d'aller entretenir Amadour, qui était dans son cabinet, jusqu'à ce qu'elle se fût défaite de la compagnie. Florinde obéit, croyant qu'Amadour avait quelqu'un avec lui; mais, se trouvant seule, et voyant la porte fermée, elle en eut autant de chagrin qu'Amadour en eut de joie, s'imaginant d'emporter par amour ou par force ce qu'il avait tant souhaité.

Après l'avoir un peu entretenue, la trouvant dans les mêmes sentiments où il l'avait laissée, et protestant que, dût-il lui en coûter la vie, elle n'en aurait jamais d'autres, lui dit, outré de désespoir : Il ne sera pas dit, madame, qu'un petit scrupule me prive du fruit de mes travaux. Puisque l'amour, la patience et les supplications ne servent de rien, il faut donc y employer la force. Florinde, voyant son visage et ses yeux si changés, que le plus beau teint du monde était rouge comme feu, et le regard le plus doux et le plus agréable si horrible et si furieux, qu'il semblait que le feu de son cœur sortait par ses yeux, et que, dans cette fureur, il avait pris d'une de ses fortes mains les deux siennes tendres et délicates; considérant, d'un autre côté, qu'elle était sans défense, et que ses mains et ses pieds étaient si bien tenus, qu'elle ne pouvait ni fuir, ni se défendre, crut que le seul moyen qui lui restait, était de tenter si son premier amour était tellement éteint, qu'il ne pût désarmer sa cruauté. Si je dois, Amadour, vous regarder à présent comme un ennemi, lui dit-elle, je vous conjure, par l'honnête amour dont j'ai cru autrefois que votre cœur était animé, de vouloir au moins m'écouter avant que de me tourmenter. A quoi songez-vous, Amadour, continua-t-elle, voyant qu'il l'écoutait, de vouloir une chose qui ne saurait vous donner de plaisir, et qui me comblerait de douleur? Vous avez si bien connu mes sentiments durant ma jeunesse et ma plus grande beauté, qui pouvait servir d'excuse à votre passion, que je m'étonne qu'à l'âge où je suis, et laide comme vous me voyez, vous puissiez vous résoudre à me tourmenter. Je suis persuadée que vous ne doutez point que mes sentiments ne soient toujours les mêmes, et qu'il n'y a par conséquent que la violence qui puisse vous faire avoir ce que vous souhaitez. Voyez comme mon visage est fait; oubliez la beauté que vous m'avez vue, et vous perdrez l'envie de m'approcher. S'il y a en vous quelque reste d'amour, il est impossible que la pitié ne l'emporte sur votre fureur. C'est à votre pitié et à la vertu dont vous m'avez donné tant de preuves, que je m'adresse et que je demande grâce. Ne troublez point mon repos, et n'entreprenez rien sur mon honneur que je suis résolue de conserver jusqu'au dernier soupir. Si l'amour que vous avez eu pour moi a dégénéré en haine, et que vous ayez dessein, plus par vengeance que par affection, de me rendre la femme du monde la plus malheureuse, je vous déclare qu'il n'en sera pas ainsi, et que vous me forcerez de me plaindre hautement de votre malhonnêteté à celle qui est si prévenue en votre faveur. Si vous me réduisez à cette extrémité, comptez que votre vie n'est pas en sûreté. S'il faut que je meure, répondit Amadour, un moment mettra fin à mes peines; mais la difformité de votre visage, qui est, je crois, votre ouvrage, ne m'empêchera pas de faire ce que j'ai résolu. Quand vous n'auriez que la peau et les os, je ferais la même chose.

Florinde, voyant que les prières, les raisons et les larmes étaient inutiles, s'aida du secours qu'elle craignait autant que la perte de sa vie, et d'une voix triste et pitoyable appela sa mère le plus haut qu'elle put. A cette voix, la comtesse se douta d'abord de la vérité, et accourut le plus promptement qu'il lui fut possible. Amadour, qui n'était pas si prêt à mourir qu'il le disait, lâcha prise si promptement, que la comtesse, ouvrant le cabinet, le trouva à la porte, et Florinde assez éloignée de lui. Qu'est ceci donc, Amadour? dit la comtesse, dites-moi la vérité. Amadour, qui s'était préparé à l'avance, et qui ne manquait jamais d'expédient au besoin, répondit d'un visage pâle et transi : Je ne connais plus Florinde, madame, jamais homme ne fut plus surpris que je le suis. Je croyais, comme je vous ai dit, avoir quelque part à sa bienveillance, mais je vois bien que je n'y ai plus rien. Il me semble, madame, que du temps qu'elle était avec vous, elle n'était ni moins sage, ni moins vertueuse qu'aujourd'hui; mais elle ne faisait pas conscience de parler et de regarder les gens. J'ai voulu la regarder, mais elle n'a pas voulu le souffrir. Voyant cela, j'ai cru que c'était un songe ou une rêverie, et lui ai demandé la main à baiser, suivant la coutume du pays; mais elle me l'a absolument refusé. Il est vrai, madame, que j'ai tort, et je vous en demande pardon, de lui avoir pris et baisé la main quasi par force. Je ne lui demandais pas autre chose; mais je vois bien qu'elle a résolu ma mort, et c'est pour cela, je crois, qu'elle vous a appelé; peut-être a-t-elle eu peur que j'eusse quelque autre dessein. Quoi qu'il en soit, madame, je reconnais que j'ai tort; car, quoiqu'elle doive aimer tous vos bons serviteurs, mon malheur veut que je n'aie aucune part à sa bienveillance. Mon cœur ne changera pas pour cela, ni par rapport à vous, ni par rapport à elle; et je vous supplie, madame, de me conserver votre bienveillance, puisque je perds la sienne sans l'avoir mérité. La comtesse, qui croyait en partie, et en partie doutait, demanda à sa fille pourquoi elle l'avait appelée si haut? Florinde répondit qu'elle avait eu peur. La comtesse lui fit plusieurs autres questions, et n'eut jamais que la même réponse, parce qu'ayant échappé à son ennemi, elle le croyait assez puni d'avoir manqué son coup. Après que la comtesse eut long-temps entretenu Amadour, elle le laissa parler encore à Florinde en sa présence, pour voir quelle mine il ferait; mais il lui dit peu de chose, et se contenta de la remercier de n'avoir rien dit à sa mère, la priant au moins que, puisqu'il était banni de son cœur, un autre ne profitât point de sa disgrâce. Si j'avais pu me défendre par quelque autre voie, répondit Florinde, tout se serait passé entre nous. Vous en serez quitte pour cela, à moins que vous ne me forciez à faire pis. Ne craignez pas que j'aime jamais; car, puisque je me suis trompée à juger d'un cœur que j'avais cru tout plein de vertu, je ne croirai jamais qu'il y ait homme en qui on doive se fier. Ce malheur sera cause que je bannirai pour jamais les passions que l'amour peut produire. En disant cela, elle prit congé de lui.

La mère, qui les observait, ne put former aucun jugement; mais elle s'aperçut bien dès lors que sa fille n'avait plus d'amitié pour Amadour, et crut que c'était sans raison, et qu'il suffisait qu'elle aimât quelqu'un, pour que Florinde eût de l'aversion pour lui. Dès ce moment-là elle fut si mal satisfaite d'elle, qu'elle fut sept ans sans lui parler qu'avec aigreur; et tout cela à la sollicitation d'Amadour. Florinde, qui ne fuyait rien tant autrefois que la présence de son mari, résolut d'être toute sa vie auprès de lui, pour s'épargner les chagrins que sa mère lui faisait. Mais, voyant que rien ne lui réussissait, elle prit le parti de tromper Amadour. Pour cet effet elle fit semblant, pendant quelques jours, de s'humaniser, et lui conseilla de s'attacher à une femme qu'elle disait avoir entretenue de leur amour. Cette dame, qui était auprès de la reine, et qui avait nom Lorette, ravie d'avoir fait une telle conquête, fut si peu maîtresse de ses transports, que le bruit s'en répandit partout. La comtesse d'Arande même, étant à la cour, s'en aperçut, et traita depuis Florinde plus doucement qu'à l'ordinaire. Florinde, ayant appris que le mari de Lorette, qui était capitaine, avait si bien pris l'alarme, qu'il avait résolu de tuer Amadour, à quelque prix que ce fût, Florinde, dis-je, qui, quelque mine qu'elle fît, ne pouvait s'empêcher d'aimer Amadour, l'en avertit incontinent. Lui, qui serait volontiers revenu à elle, lui répondit que, si elle voulait lui accorder tous les jours trois heures de conversation, il ne parlerait de sa vie à Lorette; mais elle n'en voulut rien faire. Puis donc, répliqua Amadour, que vous ne voulez pas que je vive, pourquoi voulez-vous m'empêcher de mourir, à moins que vous n'espériez me faire plus souffrir en vivant, que mille morts ne sauraient faire? Que la mort me fuie tant qu'elle voudra, je la chercherai tant que je la trouverai, et ce sera alors que je serai en repos.

Sur ces entrefaites on reçut nouvelles que le roi de Grenade avait déjà commencé les actes d'hostilité contre le roi d'Espagne, ce qui obligea le roi d'y envoyer le prince son fils avec le connétable de Castille et le duc d'Albe, deux vieux et sages seigneurs. Le duc de Cardonne et le comte d'Arande voulurent en être, et prièrent le roi de leur donner quelque commandement. Le roi leur donna des charges qui répondaient à leur qualité, et voulut qu'ils eussent pour conducteur Amadour, qui fit durant la guerre des actions si surprenantes, qu'il y paraissait autant de témérité que de bravoure. Il en fit tant qu'à la fin il y laissa la vie ; car les Maures, ayant fait mine de vouloir donner bataille, plièrent au premier choc, et firent semblant de fuir pour obliger l'armée chrétienne à les suivre, ce qui leur réussit. Le vieux connétable et le duc d'Albe, se défiant de la ruse, retinrent malgré lui le prince d'Espagne, et l'empêchèrent de passer la rivière : mais le comte d'Arande et le duc de Cardonne la passèrent, nonobstant les défenses. Les Maures, voyant qu'ils n'étaient suivis que de peu de gens, firent volte-face. Le duc de Cardonne fut tué d'un coup de cimeterre, et le comte d'Arande si dangereusement blessé, qu'on le laissa pour mort sur la place. Amadour, étant survenu, fendit la presse avec tant de fureur, qu'on eût dit qu'il était enragé. Il fit emporter les corps du duc et du comte au camp du prince, qui les regretta comme s'ils eussent été ses propres frères. En visitant leurs plaies, on trouva que le comte d'Arande n'était pas encore mort, et on l'envoya chez lui en litière, où il fut long-temps malade. Le corps du jeune duc fut transporté à Cardonne. Amadour, ayant retiré ces deux corps, eut si peu soin de lui, qu'il se laissa envelopper par un grand nombre de Maures. Sachant donc que s'il tombait entre les mains du roi de Grenade, il mourrait d'une mort cruelle, à moins qu'il ne renonçât à la religion chrétienne, résolut de ne donner la gloire de sa mort ni à sa prise, ni à ses ennemis, et de rendre à Dieu et son corps et son âme. Baissant donc la croix de son épée, il s'en donna un si grand coup, qu'il ne fut pas besoin d'y revenir.

Ainsi mourut le pauvre Amadour, aussi regretté que ses vertus le méritaient. La renommée en porta d'abord les nouvelles d'Espagne. Florinde, qui était alors à Barcelone, où son mari avait autrefois ordonné qu'on l'enterrât, après avoir fait faire avec pompe les obsèques de son époux, sans en parler ni à mère ni à belle-mère, se retira dans le monastère de Jésus, prenant pour époux et pour amant celui qui l'avait délivrée d'un amour aussi violent que celui d'Amadour, et du chagrin que lui causait la compagnie d'un tel mari. Elle ne s'occupa depuis que du soin d'aimer Dieu si parfaitement, qu'après avoir été long-temps religieuse, elle lui rendit son âme avec la même joie qu'une épouse va voir son époux.

Je crains, mesdames, qu'une si longue histoire ne vous ait été ennuyeuse ; mais elle aurait été encore plus longue, si j'avais voulu suivre celui qui me l'a contée. Imitez, mesdames, la vertu de Florinde ; mais ayez moins de cruauté ; et n'estimez jamais tant les hommes, de peur que, venant à vous détromper, vous ne les réduisiez à mourir cruellement, et vous, à vivre avec tristesse. Ne vous semble-t-il pas, dit Parlamente à Hircan, après cette longue audience, que cette femme ait été poussée à bout, et qu'elle ait vertueusement résisté ? Non, répondit Hircan ; car une femme ne peut faire moins de résistance que de crier. Et qu'aurait-elle fait si elle avait été en lieu où elle n'eût pas été entendue ? D'ailleurs, si Amadour n'eût pas eu plus de peur que d'amour, il n'aurait pas si aisément lâché prise. Ainsi, je soutiens toujours, que jamais homme n'aima parfaitement, et ne fut aimé, qui n'ait obtenu de sa maîtresse ce qu'il lui a demandé, s'il s'y est pris comme il faut; mais encore faut-il que je loue Amadour d'avoir fait une partie de son devoir. Trouvez-vous, répliqua Oysille, qu'un serviteur fasse son devoir de faire violence à sa maîtresse, à laquelle il doit toute sorte de respect et d'obéissance? Quand nos maîtresses, madame, dit alors Saffredant, tiennent leur rang, assises à leur aise, comme nos juges, nous sommes à genoux devant elles, et quand nous les menons danser avec crainte, et les servons avec tant de diligence que nous prévenons leurs demandes, nous avons tant de peur de les offenser, et tant de désir de les bien servir, qu'on ne saurait nous voir sans nous regarder avec compassion. On nous croit souvent plus sots que les bêtes, et on loue la fierté de nos dames, qui cependant parlent avec tant d'honnêteté, qu'elles se font craindre, aimer et estimer de ceux qui n'en voient que les dehors. Mais dans le particulier, où l'on n'a pour juge que l'amour, nous savons fort bien qu'elles sont femmes, et nous hommes. Le nom de maîtresse se change alors en celui d'amie, et celui qui était serviteur en public devient ami dans un tête-à-tête; de là est venu le vieux proverbe :

> Pour bien servir et loyal être,
> De serviteur on devient maître.

Elles ont d'honneur autant que les hommes en peuvent donner et ôter; et comme elles voient que nous souffrons avec patience, il est juste qu'elles nous dédommagent de nos souffrances, quand elles le peuvent faire sans blesser leur honneur. Vous ne parlez pas, dit Longarine, du véritable honneur, qui est le contentement le plus parfait qu'on ait en ce monde. Quand tout le monde me croirait femme de bien, et que je saurais seule le contraire, les louanges ne feraient qu'augmenter ma honte et ma confusion secrète. D'un autre côté, quand toute la terre me condamnerait, et que ma conscience ne me reprochât rien, la calomnie me ferait une espèce de plaisir, tant il est vrai que la vertu n'est jamais entièrement malheureuse. Quoique vous n'ayez rien laissé à dire, reprit Guebron, vous me permettrez de dire, à mon tour, que je regarde Amadour comme le plus honnête et le plus vertueux cavalier qui puisse être. Quoiqu'on lui ait donné un nom supposé, je crois néanmoins le connaître : mais, puisqu'on ne l'a pas nommé, je ne le nommerai point aussi. Il suffit de dire, que si c'est celui que je pense, jamais son cœur ne fut susceptible de peur, ni exempt d'amour. Il me semble, dit alors Oysille, que cette journée s'est passée si agréablement, que si cela continue, un entretien si divertissant

nous fera trouver le temps court. Le soleil est
déjà bas ; et il y a long-temps qu'on a sonné
vêpres à l'abbaye. Je ne vous en ai rien dit,
parce que j'avais moins d'envie d'entendre vêpres que de savoir la fin de cette histoire. Sur
cela, tout le monde se leva, et, arrivant à l'abbaye, ils trouvèrent les religieux qui les atten-
daient depuis plus d'une heure. Après vêpres,
on soupa. La soirée ne se passa pas sans parler
des contes qui s'étaient faits, et sans chercher
dans leur mémoire de quoi passer le jour suivant
avec le même plaisir. Après avoir fait dans le pré
une infinité de jeux, chacun alla se coucher,
fort content des agréments de la journée.

SECONDE JOURNÉE.

SECONDE JOURNÉE.

Le lendemain ils se levèrent de bon matin, résolus de retourner au lieu où ils avaient eu tant de plaisir. Chacun avait son conte prêt, et avait de l'impatience de le mettre au jour. Après avoir entendu la morale de madame Oysille, et la messe, il fut question de dîner, et on se rappela en même temps plusieurs histoires passées.

Après dîner ils allèrent se reposer dans leurs chambres, et, à l'heure marquée, chacun se rendit au pré, où il semblait que le temps et le jour favorisaient leur dessein. Après qu'ils se furent tous assis sur des siéges verts, faits des propres mains de la nature, Parlamente dit : Puisque je finis la journée d'hier, c'est à moi à choisir celle qui doit commencer celle-ci. Comme madame Oysille, la plus sage et la plus âgée des femmes, parla hier la première, je donne aujourd'hui ma voix à la plus jeune ; je ne dis pas à la plus folle, assurée, que je suis, que si nous la suivons toutes, les religieux n'attendront pas à dire vêpres, aussi long-temps qu'ils firent hier. C'est à vous, Nomerfide, que ceci s'adresse : mais, je vous prie, ne nous faites point commencer la journée par les larmes. Il n'était pas nécessaire de me le dire, répondit Nomerfide, j'avais déjà pris mon parti, m'étant rappelé tout à propos un conte qui me fut fait l'an passé par une bourgeoise de Tours, qui m'assura qu'elle avait entendu prêcher le cordelier dont je vais vous parler.

XI.

Fragments facétieux des sermons d'un cordelier.

—⋙◉⋘—

Il y a près de la ville de Bleré, en Touraine, un village nommé Martin-le-Beau, où un cordelier de Tours fut appelé pour y prêcher les avents et le carême suivant. Ce cordelier, qui avait plus de caquet que de savoir, se trouvant quelquefois court, s'avisait, pour achever son heure, de faire des contes qui ne déplaisaient pas tout-à-fait à ces bons villageois. Prêchant, le jeudi absolu, sur l'Agneau pascal, quand il fut question de dire qu'il se mangeait de nuit, voyant à son sermon de belles jeunes dames d'Amboise, nouvellement arrivées dans le dessein de faire leurs pâques, et d'y demeurer quelques jours après, il voulut se surpasser, et demanda à toutes les femmes si elles ne savaient pas ce que c'était que de manger de la chair crue de nuit? Je veux vous l'apprendre, mesdames, leur dit-il. Les jeunes gens d'Amboise, nouvellement arrivés, les uns avec leurs femmes, les autres avec leurs sœurs et nièces, et qui ne connaissaient pas l'humeur du pélerin, commencèrent à s'en scandaliser : mais après l'avoir entendu, au lieu d'être scandalisés, ils rirent, et surtout de ce qu'il dit que pour manger l'Agneau pascal, il fallait *avoir les reins ceints, des pieds en ses souliers, et une main à son bâton.* Le cordelier, les voyant rire, et se défiant pourquoi, se reprit incontinent. Eh bien, dit-il, *des souliers en ses pieds, et un bâton en sa main.* Blanc chapeau et chapeau blanc, n'est-ce pas la même chose? Si l'on se mit alors à rire, je crois que vous n'en doutez pas. Les dames mêmes ne purent s'en empêcher. Le cordelier, sentant que son heure approchait, fit de nouveaux efforts pour divertir les dames, et leur donner sujet d'être contentes de lui. Quand vous serez tantôt, mesdames, à causer avec vos commères, leur dit-il, vous demanderez : Qui est ce maître frère qui parle si hardiment? c'est quelque bon compagnon. Je vous dirai, mesdames, je vous dirai : Ne vous étonnez pas, non, si je parle hardiment, car je suis à votre commandement; et en disant cela il finit son sermon, laissant ses auditeurs plus disposés à rire de ses sottises qu'à pleurer de la Passion de Notre-Seigneur, dont on célébrait alors la commémoration. Ses autres sermons, durant les fêtes, furent quasi de pareille efficace. Et comme vous savez que les frères de cet ordre n'oublient pas à faire la quête, pour avoir, comme on parle, leurs œufs de Pâques, qui non-seulement ne leur manquent pas; mais on leur donne même plusieurs autres choses, comme du linge, de la filasse, des andouilles, des jambons, des échinées, et autres petites choses. Le mardi d'après Pâques, qu'il faisait ses recommandations, dont telles gens ne sont point chiches, il dit : Je suis obligé, mesdames, de vous remercier des charités que vous avez faites à notre pauvre couvent ; mais je ne saurais m'empêcher de vous dire que vous n'avez pas considéré les besoins que nous avons. Vous ne nous avez donné, pour la plupart, que des andouilles, dont Dieu merci nous ne manquons point, le couvent en étant tout farci. Que ferons-nous donc de tant d'andouilles ? Savez-vous ce que nous en ferons ? Je suis d'avis, mesdames, que vous mêliez vos jambons avec nos andouilles, et vous ferez une belle aumône. Puis, continuant son sermon, il fit venir le scandale à propos. Après s'être étendu là-dessus, et avoir produit quelques exemples, il s'écria avec chaleur : Je suis surpris, messieurs et mesdames de Saint-Martin, que vous vous scandalisiez pour une chose qui est moins que rien, et que vous fassiez partout, sans sujet, des contes de moi, en disant : Qui eût cru que le Père eût engrossé la fille de son hôtesse? Il y a vraiment bien là de quoi s'étonner. Un moine a engrossé une fille : belle merveille! Mais venez çà, belles dames, n'auriez-vous pas sujet d'être bien plus surprises si la fille avait engrossé le moine?

Voilà, mesdames, les belles viandes dont ce bon pasteur nourrissait le troupeau de Dieu; encore était-il si effronté, après son péché, qu'il avait l'impudence d'en parler en chaire, où l'on ne doit rien dire qui n'instruise le prochain, et qui ne tende premièrement à la gloire de Dieu. Voilà un maître moine, dit Saffredant, j'aimerais presque autant frère Angibaut, sur le dos duquel on mettait tous les discours facétieux qui se faisaient en bonne compagnie. Je ne trouve pas qu'il y ait là matière à rire, répondit Oysille; et la circonstance du temps n'est pas avantageuse au moine. Vous ne dites pas, madame, reprit Nomerfide, qu'encore qu'il ne s'agisse pas d'un temps bien éloigné, les bonnes gens de village, et la plupart de ceux des bonnes villes, qui se croient plus habiles que les autres, avaient alors plus de respect pour de tels prédicateurs, que pour ceux qui leur prêchaient purement et simplement le saint Évangile. Quoi qu'il en soit, dit alors Hircan, il n'avait pas grand tort de demander des jambons pour des andouilles, car il y a plus à manger. Quand quelque dévote eût entendu la chose par amphibologie, comme je crois que le moine l'entendait, ni lui ni ses confrères ne s'en seraient pas mal trouvés, non plus que la jeune courtisanne, qui en eut plein son sac. Quelle effronterie, reprit Oysille, de renverser le sens du texte suivant son caprice, croyant avoir affaire à des gens aussi bêtes que lui, et cherchant impudemment par là à corrompre les femmelettes, pour leur apprendre à manger de nuit la chair crue. Oui; mais vous ne dites pas, dit Simontault, qu'il avait devant les yeux de ces jeunes tripières d'Amboise, dans le baquet desquelles il eût volontiers lavé son... Nommerai-je? non; vous m'entendez. Il eût bien voulu leur en faire goûter, non pas rôti, mais tout grouillant et frétillant, pour leur donner plus de plaisir. Tout beau, tout beau, seigneur Simontault, dit Parlamente, vous vous oubliez, et ne vous souvenez-vous plus de votre modestie ordinaire, dont vous savez si bien vous servir au besoin? Oui, madame, répliqua Simontault; mais le malhonnête homme de moine m'a fait équivoquer. Pour revenir à nos premiers errements, je prie Nomerfide, qui est cause de mon erreur, de donner sa voix à quelqu'un qui nous fasse oublier notre commune faute. Puisque vous voulez que j'aie part à la faute, repartit Nomerfide, je choisirai quelqu'un qui réparera tout; et ce quelqu'un-là sera Dagoucin, qui est si sage, qu'il aimerait autant mourir que de dire une folie. Dagoucin la remercia de l'estime qu'elle faisait de lui. L'histoire que je vais vous raconter, est pour vous faire voir comment l'amour aveugle les cœurs des plus grands et des plus honnêtes, et comme il est difficile de vaincre un méchant à force de bienfaits.

XII.

Ce qui arriva à un duc, et son impudence pour parvenir à ses fins, avec la juste punition de sa mauvaise volonté.

───•◦•───

Il y avait depuis peu à Florence un duc qui avait épousé madame Marguerite, fille naturelle de l'empereur Charles-Quint. Comme la princesse était encore fort jeune, et que le duc ne pouvait pas coucher avec elle qu'elle n'eût un âge plus mûr et plus avancé, il la traita fort doucement, et se rendit amoureux, pour l'épargner, de quelques autres dames de la ville qu'il allait voir la nuit, tandis que sa femme dormait. Il le fut entre autres d'une fille aussi belle que sage et vertueuse, et sœur d'un gentilhomme que le duc aimait comme lui-même, et auquel il donnait tant d'autorité, qu'on lui obéissait comme au duc. Il n'y avait point de secrets qu'il ne lui communiquât, de manière qu'on pouvait le nommer le second duc. Le prince, sachant que la sœur du gentilhomme était une femme d'une très-grande vertu, n'osait lui parler de son amour. Après avoir tenté toutes choses, il s'adressa à son favori, et lui dit : S'il y avait une chose au monde, mon ami, que je ne voulusse pas faire pour vous, je craindrais de vous dire ce que je pense, et encore plus de vous demander votre assistance. Mais j'ai tant d'amitié pour vous, que si j'avais une femme, une mère ou une fille qui pût vous sauver la vie, vous devez être assuré que vous n'en mourriez pas. Je suis persuadé que vous m'aimez autant que je vous aime. Si moi, qui suis votre maître, ai une pareille affection pour vous, celle que vous devez avoir pour moi ne doit pas être moindre. J'ai donc un secret à vous dire; pour l'avoir voulu cacher, je suis tombé dans l'état où vous me voyez, d'où je n'espère sortir que par la mort, ou par le service que vous me rendrez si vous voulez le faire. Le gentilhomme, touché des raisons de son maître, et voyant son visage baigné de larmes, en eut tant de pitié qu'il lui dit : Je suis votre créature, monsieur, c'est de vous que je tiens le bien et la gloire que j'ai, et vous pouvez vous ouvrir à moi qui vous suis entièrement dévoué. Le duc alors lui déclara l'amour qu'il avait pour sa sœur, et lui dit qu'il ne croyait pas pouvoir vivre long-temps, à moins qu'il ne lui en procurât la jouissance, bien persuadé qu'il était que ni les prières, ni les présents ne feraient rien auprès d'elle. Si donc, ajouta le duc en finissant, vous aimez ma vie autant que j'aime la vôtre, trouvez moyen de me faire avoir un bien que je ne puis jamais espérer que par votre entremise. Le gentilhomme, qui aimait sa sœur, et l'honneur de sa maison plus que le plaisir de son maître, lui fit quelques remontrances, et le supplia de ne le pas réduire à la cruelle nécessité de solliciter le déshonneur de sa famille, lui protestant qu'il n'y avait rien qu'il ne fît pour lui; mais que son honneur ne permettait pas qu'il lui rendît le service qu'il demandait de lui. Le duc, outré de colère, mit le doigt entre les dents, et, se mordant l'ongle, lui répondit d'un air tout enflammé : Puisque je ne trouve en vous aucune amitié, je sais ce que j'ai à faire. Le gentilhomme, qui savait que son maître était cruel, eût peur, et lui dit : Puisque vous le voulez absolument, monsieur, je lui parlerai, et vous dirai sa réponse. Si vous faites cas de ma vie, je ferai cas de la vôtre, répliqua le duc en se retirant. Le gentilhomme entendit fort bien ce que cela signifiait, et fut un jour ou deux sans voir le duc, songeant aux moyens de se tirer d'un si mauvais pas. Il considérait d'un côté l'obligation qu'il avait à son maître, les biens et les honneurs qu'il en avait reçus; de l'autre côté, il se représentait l'honneur de sa maison, la vertu et la chasteté de sa sœur. Il savait fort bien qu'elle ne consentirait jamais à une action de cette infamie, à moins que la fourbe ou la violence ne s'en mêlât, ce qu'il ne pouvait se résoudre de mettre en œuvre, attendu la honte qui en reviendrait à lui et aux siens. Il conclut enfin qu'il aimait mieux mourir, que de faire une pareille pièce à sa sœur, qui était une des plus honnêtes femmes d'Italie, et prit le parti de délivrer sa patrie d'un tyran qui voulait violemment diffamer sa maison ; car il était bien assuré que le seul et unique moyen de mettre à couvert sa vie et la vie des siens, était de se défaire du duc. Résolu donc, sans parler à sa sœur, de sauver sa vie, et de prévenir sa honte par un seul et même coup, il alla trouver le duc au bout de deux jours, et lui dit qu'il avait tant fait auprès de sa sœur, qu'après bien des peines, il l'avait enfin portée à consentir à ce qu'il désirait ; mais à condition que la chose demeurerait secrète, et que personne qu'eux trois n'en saurait rien. Comme on croit aisément ce qu'on désire, le duc crut la chose de la meilleure foi du monde. Il embrassa le frère, lui promit tout ce qu'il pourrait lui demander, le pria de presser l'exécution de la parole qu'il lui donnait, et prit jour avec lui pour cela. Il ne faut pas demander si le duc fut aise.

Quand il vit approcher la nuit tant désirée, nuit où il espérait de vaincre celle qu'il avait cru invincible, il se retira de bonne heure avec le gentilhomme, et n'oublia pas de s'ajuster et de se parfumer du mieux qu'il put. Tout le monde s'en étant allé, le frère le conduisit chez sa sœur, et le fit entrer dans une chambre magnifiquement parée. Le gentilhomme le déshabilla et le mit au lit, où il le laissa, lui disant : Je vais vous quérir, monsieur, celle qui n'entrera pas dans cette chambre sans rougir; mais j'espère qu'avant que le jour vienne elle sera assurée de vous. Après avoir quitté le duc, il fut à sa chambre, et n'y trouva qu'un seul homme de ses gens, auquel il dit : Aurais-tu bien le cœur de me suivre en un lieu où je veux me venger du plus grand de mes ennemis? Oui, monsieur, répondit l'homme, qui ne savait de quoi il s'agissait, et fût-ce contre le duc même. Le gentilhomme, sans lui donner le temps de se reconnaître, l'emmena si brusquement, qu'il n'eut le temps de prendre d'autres armes qu'un poignard qu'il avait déjà. Le duc, l'entendant revenir, crut qu'il lui amenait l'objet de son amour, et ouvrit le rideau et les yeux pour regarder et pour recevoir le bien qu'il avait si long-temps attendu : mais, au lieu de voir celle dont il espérait la conservation de sa vie, il vit l'instrument qui devait lui donner la mort, c'est-à-dire une épée nue que le gentilhomme avait tirée, et dont il le frappait tout en chemise. Le duc, sans armes, mais non pas sans cœur, se leva sur son séant, saisit le gentilhomme au pouce, et se défendit si bien, qu'ils tombèrent dans la ruelle. Le gentilhomme, qui n'était pas assuré d'être le plus fort, appela son homme, qui, trouvant le duc et son maître si acharnés l'un contre l'autre, que l'obscurité du lieu l'empêchait de les bien distinguer, les prit tous deux par les pieds, les traîna au milieu de la chambre, et se mit en devoir de couper la gorge au duc avec son poignard. Il se défendit jusqu'à ce que la perte de son sang l'eût rendu si faible qu'il n'en pouvait plus. Alors le gentilhomme et son valet le portèrent sur le lit, où ils l'achevèrent de tuer à coups de poignard; puis, ayant tiré les rideaux, ils laissèrent le corps dans la chambre, qu'ils fermèrent.

Voyant qu'il avait vaincu son ennemi, et qu'en le tuant il avait mis en liberté la république, il crut que son action ne serait pas complète s'il ne faisait la même chose à cinq ou six proches parents du duc. Pour cet effet, il donna ordre à son homme de les aller quérir un à un pour en faire comme il avait fait du duc; mais le valet, qui n'était ni assez hardi, ni assez vigoureux, répondit : Il me semble, monsieur, que vous en avez assez fait pour ce coup, et que vous feriez bien mieux de songer à vous sauver la vie, qu'à l'ôter aux autres. Si nous étions autant de temps à expédier chacun d'eux, que nous en avons mis à expédier le duc, le jour viendrait avant que nous eussions achevé, quand même nous trouverions nos ennemis sans défense. Comme la peur s'empare aisément de ceux qui font mal, le gentilhomme crut son valet, le prit seul avec lui, et s'en alla à un évêque qui avait charge de faire ouvrir les portes, et de donner les ordres nécessaires aux maîtres de poste. Le gentilhomme dit au prélat qu'il venait de recevoir nouvelles qu'un de ses frères était à l'extrémité : que le duc lui avait donné permission d'y aller, et qu'ainsi, il le priait d'ordonner à la poste qu'on lui donnât deux bons chevaux, et au portier d'ouvrir la porte de la ville. L'évêque, qui n'estimait guère moins sa prière que le commandement du duc son maître, lui donna d'abord un billet, par le moyen duquel il eut incontinent ce qu'il demandait. Mais, au lieu d'aller voir son frère, il piqua droit à Venise, où il se fit guérir des morsures que le duc lui avait faites, et puis s'en alla en Turquie.

Le jour étant venu, les domestiques du duc, voyant qu'il était si long-temps à revenir, ne doutèrent pas qu'il ne fût allé voir quelque dame : mais enfin, voyant qu'il se passait trop de temps, ils commencèrent à le chercher de tous côtés. La pauvre duchesse, qui commençait fort à l'aimer, sachant qu'on ne le trouvait point, fut dans une peine extrême. Le gentilhomme favori ne paraissait point non plus; on alla le chercher chez lui. On vit du sang à la porte de sa chambre; mais personne qui pût en dire des nouvelles. La trace du sang mena les domestiques du duc jusques à la porte de la chambre où il était, qu'ils trouvèrent fermée. La porte ayant été d'abord enfoncée, et voyant le plancher tout couvert de sang, ils tirèrent les rideaux du lit, et trouvèrent le pauvre duc raide mort sur le lit. Représentez-vous quelle fut l'affliction de ces pauvres domestiques, qui emportèrent le corps au palais. L'évêque y arriva dans le même temps, et leur conta comme le gentilhomme s'était sauvé la nuit, sous prétexte d'aller voir son frère. Il n'en fallut pas davantage pour faire conclure que c'était lui qui avait fait le coup. Il parut clairement que sa sœur n'en avait pas entendu parler. Quoiqu'elle fût surprise d'un événement si peu attendu, elle en aima davantage son frère, qui, sans se mettre en peine de sa propre vie, l'avait délivrée d'un tyran, qui en voulait à son honneur. Elle vécut toujours avec la même vertu, et quoiqu'elle demeurât pauvre, parce que tous les biens de la famille furent confisqués, sa sœur et elle ne laissèrent pas de trouver des maris aussi honnêtes gens et aussi riches qu'il y en eût en Italie. L'une et l'autre ont toujours vécu depuis en très-bonne réputation.

Voilà un fait, mesdames, qui doit bien vous faire craindre ce petit dieu qui se fait un plaisir de tourmenter les princes et les particuliers, les forts et les faibles, et qui les aveugle tellement, qu'il leur fait oublier Dieu et leur conscience, et enfin leur propre vie. Les princes et ceux qui ont l'autorité en main doivent craindre d'outrager leurs inférieurs. Il n'y a point de si petit homme qui ne puisse, quand Dieu veut, se venger du pécheur, ni de si grand qui puisse mal faire à celui que Dieu veut protéger. Cette histoire fut bien écoutée de toute la compagnie ; mais on en jugea bien diversement. Les uns soutenaient que le gentilhomme avait bien fait de mettre sa vie et l'honneur de sa sœur en sûreté, et de délivrer sa patrie d'un pareil tyran. Les autres disaient, au contraire, qu'il y avait trop d'ingratitude d'ôter la vie à un homme qui l'avait comblé de biens et d'honneurs. Les dames disaient qu'il était un bon frère, et un vertueux citoyen. Les hommes, au contraire, soutenaient qu'il était bon maître et mauvais serviteur. C'était un plaisir d'entendre les raisons de part et d'autre : mais les dames, à leur ordinaire, parlaient autant par passion que par raison, et disaient que le duc méritait la mort, et croyaient heureux celui qui l'avait tué. Dagoucin, voyant les grandes contestations qu'il avait excitées : Je vous prie, mesdames, dit-il, de ne point vous échauffer pour une chose déjà passée, et prenez garde seulement que vos beautés ne fassent faire des meurtres plus cruels que celui dont je viens de faire la relation. La belle dame sans compassion, dit Parlamente, nous a appris à dire qu'il ne meurt guère de gens d'une si agréable maladie. Plût à Dieu, madame, repartit Dagoucin, que toutes celles qui sont ici sussent combien cette opinion est fausse. Je crois qu'elles ne voudraient point avoir la réputation d'être sans compassion, ni ressembler à cette incrédule qui laissa mourir un bon serviteur faute de lui répondre favorablement. Vous voudriez donc, reprit Parlamente, que pour sauver la vie à un homme qui dit qu'il nous aime, nous exposassions notre honneur et notre conscience? Je ne vous dis pas cela, répliqua Dagoucin; car celui qui aime parfaitement craindrait plus de faire tort à l'honneur de sa maîtresse qu'elle-même : et partant il me semble qu'une réponse honnête et satisfaisante, telle que requiert un amour honnête et parfait, ne ferait que plus éclater l'honneur et la conscience d'une dame. Je dis un amour honnête; car je soutiens que ceux qui aiment autrement n'aiment pas comme il faut. C'est toujours là le but de vos raisons, dit Émarsuite; vous commencez par l'honneur, et finissez par le contraire. Si tous ceux qui sont ici veulent en dire la vérité, je les en croirai à leur serment. Hircan jura qu'il n'avait jamais aimé que sa femme, à laquelle il ne voulait point faire offenser Dieu. Autant en dit Simontault, qui ajouta qu'il avait souvent souhaité que toutes les femmes fussent méchantes, à la réserve de la sienne. Vous méritez que la vôtre le soit, répondit Guebron; mais pour moi je puis bien jurer que j'ai tant aimé une femme, que j'eusse mieux aimé mourir que de lui faire faire quelque chose capable de diminuer l'estime que j'avais pour elle. Mon amour était tellement fondé sur ses vertus, que quelque chose de précieux que j'eusse pu obtenir d'elle, je n'aurais pas voulu y voir une tache. Je croyais, Guebron, dit Saffredant en riant, que l'amour que vous avez pour votre femme, et le bon sens dont la nature vous a partagé, vous eussent empêché d'être amoureux ; mais je vois bien que je me suis trompé, puisque vous vous servez encore des termes dont nous avons coutume de tromper les plus fines, et à la faveur desquels nous nous faisons écouter des plus sages. En effet, qui est celle qui ne nous prêtera pas l'oreille quand nous débuterons par l'honneur et par la vertu? Mais si nous produisions notre cœur tel qu'il est, tels sont bien venus auprès des dames, qui n'en seraient pas seulement regardés. Nous couvrons notre diable du plus bel ange que nous pouvons trouver, et sous cette couverture nous recevons bien des faveurs avant que nous soyons connus. Peut-être même menons-nous les dames si loin, que pensant aller droit à la vertu, elles n'ont ni le temps ni le moyen de reculer quand elles viennent à connaître le vice. Je vous croyais, dit Guebron, tout autre que vous ne dites, et je m'imaginais que la vertu vous était plus agréable que le plaisir. Quoi, Saffredant! y a-t-il de plus grande vertu que d'aimer comme Dieu l'a commandé? Il me semble que c'est beaucoup mieux fait d'aimer une femme comme femme, que d'en faire son idole, comme font plusieurs autres. Pour moi, je suis très-persuadé qu'il vaut mieux d'en user que d'en abuser. Toutes les dames furent du sentiment de Guebron, et firent taire Saffredant, qui dit : Il m'est aisé de n'en plus parler, car j'en ai été si maltraité, que je ne veux plus y retourner. Votre malice, répliqua Longarine, est cause que vous avez été maltraité : car qui est l'honnête femme qui vous voudrait pour amant, après ce que vous venez de dire ? Celles qui ne m'ont pas trouvé fâcheux ne changeraient pas leur honnêteté pour la vôtre : mais n'en parlons plus, afin que ma colère ne choque personne, et ne me choque moi-même. Songeons à qui Dagoucin donnera sa voix. Je la donne à Parlamente, répondit-il incontinent, persuadé que je suis qu'elle doit savoir mieux que personne ce que c'est qu'honnête et parfaite amitié. Puisque vous me choisissez pour conter une histoire, dit Parlamente, je vais vous en dire une, arrivée à une dame qui a toujours été de mes bonnes amies, et ne m'a jamais rien caché.

XIII.

Un capitaine de galère devient amoureux d'une dame dévote, et, pour gagner sa confiance et s'en faire aimer, il prend l'extérieur de dévotion; et ce qui en arriva.

Il y avait auprès de madame la régente, mère du roi François, une dame fort dévote, mariée à un gentilhomme de même caractère. Quoique son mari fût vieux, et elle jeune et belle, néanmoins elle le servait et aimait comme s'il eût été le plus beau jeune homme du monde. Pour lui ôter tout sujet de chagrin, elle se mit à vivre comme une femme de l'âge dont il était, fuyant toutes compagnies, toute magnificence en habits, toute sorte de danses et de jeux que les femmes ont coutume d'aimer, et faisant du service de Dieu son unique plaisir et divertissement. Elle gagna si bien, par ce moyen, le cœur et la confiance de son mari, qu'elle le menait comme elle voulait, et lui, et sa maison. Il arriva un jour que son mari lui dit qu'il avait souhaité, dès sa jeunesse, de faire le voyage de Jérusalem, et lui demanda ce qu'il lui en semblait. Elle, qui ne cherchait qu'à lui plaire : Puisque Dieu nous a privés d'enfants, mon ami, lui dit-elle, et nous a donné assez de biens, je serais fort d'avis d'en employer une partie à faire ce saint voyage ; car, que vous alliez à Jérusalem ou ailleurs, je suis résolue de vous suivre et de ne vous abandonner jamais. Le bonhomme fut si aise de cette réponse, qu'il croyait être déjà sur le mont Calvaire. Sur ces entrefaites vint à la cour un gentilhomme qui avait longtemps servi contre le Turc, et qui était venu pour faire approuver au roi une entreprise qu'on avait concertée contre une place des Ottomans, dont le succès devait être fort avantageux à la chrétienté. Le vieux dévot lui parla de son voyage, et, ayant appris qu'il était résolu de le faire, il lui demanda si, après celui-là, il serait d'humeur d'en faire un autre à Jérusalem, que sa femme et lui avaient fort grande envie de voir. Le capitaine, fort aise d'apprendre un si bon dessein, lui promit de l'accompagner, et de tenir la chose secrète. Il avait de l'impatience de voir sa femme pour lui dire ce qu'il avait fait. Comme elle n'avait guère moins d'envie que son mari de faire le voyage, elle en parlait souvent au capitaine, qui, regardant plus la personne que les paroles, en devint si amoureux, qu'en lui parlant des voyages qu'il avait fait en mer, il mêlait souvent l'embarquement de Marseille avec l'Archipel, et au lieu de dire un navire, disait souvent un cheval, tant il était hors de lui-même. Cependant il la trouvait d'un caractère si singulier, qu'il n'osait ni lui dire qu'il l'aimait ni faire semblant de l'aimer. Le feu de sa passion devint si violent, à force d'être caché, qu'il en était souvent malade. La demoiselle, qui le regardait comme son guide, en avait autant de soin que de la croix, et l'envoyait visiter si souvent, que les soins que le malade voyait que la belle avait de lui, le guérissaient sans autre médecine. Plusieurs personnes qui savaient que le capitaine avait eu plus de réputation pour la bravoure que pour la dévotion, s'étonnaient du grand commerce qu'il avait avec cette femme; et voyant qu'il avait changé du blanc au noir, qu'il fréquentait les églises, allait aux sermons, et faisait tous les devoirs d'un dévot, ne doutèrent pas qu'il ne le fît pour se mettre bien auprès de la dame, et ne purent même s'empêcher de lui en dire quelque chose. Le capitaine, craignant que cela ne vînt aux oreilles de la dévote, se retira, et dit à son mari et à elle, qu'étant sur le point d'avoir ses dépêches de la cour et de partir, il avait plusieurs choses à leur dire; mais que, pour plus grand secret, il ne pouvait plus leur parler qu'en particulier, et les pria, pour cet effet, de l'envoyer quérir, quand ils seraient tous deux retirés. Le gentilhomme, trouvant cela fort de son goût, ne manquait pas, tous les soirs, de se coucher de bonne heure, et de faire déshabiller sa femme. Après que tout le monde était retiré, il envoyait quérir le capitaine pour parler du voyage de Jérusalem, où souvent le bonhomme s'endormait dévotement. Le capitaine, voyant le vieux dévot endormi dans son lit, et se trouvant sur une chaise, auprès de celle qu'il trouvait la plus charmante du monde, avait le cœur si serré, entre la crainte et le désir de parler, qu'il perdait souvent la parole. Mais afin qu'elle ne s'en aperçût pas, il se jetait sur les saints lieux de Jérusalem, où étaient les témoignages du grand amour que Jésus-Christ a eu pour nous. Ce qu'il disait de cet amour n'était que pour cacher le sien. En disant cela, il regardait la belle, pleurait et soupirait si à propos, que son cœur était tout pénétré de piété. A cet extérieur de dévotion, elle le croyait si saint, qu'elle le pria de lui dire comment il avait vécu, et comment il était venu à aimer Dieu avec tant d'ardeur. Il lui dit qu'il était un pauvre gentilhomme, qui, pour acquérir des biens et des honneurs, avait oublié sa conscience, et épousé une femme qui était sa parente de trop près; riche, mais vieille et laide, et qu'il n'aimait point. Qu'après avoir tiré tout l'argent de sa femme, il s'en était allé chercher fortune en mer, et qu'il avait tant fait qu'il était devenu capitaine de galère : mais depuis qu'il avait eu l'honneur de la connaître, ses saintes conversations et ses bons exemples l'avaient tellement fait changer de vie, qu'il était résolu, si Dieu lui faisait la grâce de revenir de son expédition, de conduire elle et son mari à Jérusalem, pour y faire pénitence des grands péchés qu'il avait commis, et qu'il ne lui restait qu'à faire réparation à sa femme, avec laquelle il espérait de se réconcilier bientôt. Ces discours plurent fort à la dévote, qui se félicitait beaucoup d'avoir converti un pécheur de cette importance.

Ses conversations nocturnes continuèrent tous les soirs jusques au départ du capitaine, qui n'osa jamais s'expliquer. Il lui fit seulement présent d'un crucifix de Notre-Dame de Pitié, la suppliant, quand elle le verrait, de se souvenir de lui. Le temps de son départ étant venu, et ayant pris congé du mari, qui s'endormait, il fallut enfin prendre congé de la belle, à laquelle il vit les larmes aux yeux, par bonne amitié qu'elle avait pour lui. Sa passion en fut si fort émue, que, n'osant s'en expliquer, il tomba presque évanoui, en lui disant adieu, et fut dans une

sueur si grande, que non-seulement ses yeux,
mais aussi toutes les parties de son corps jetaient
des larmes, par manière de dire. Ainsi ils se
quittèrent sans se parler; et la belle, qui n'avait
jamais senti tant de regret, en demeura toujours
étonnée. Elle n'eut pas pour cela moins bonne
opinion de lui, et l'accompagna de ses prières.
Un mois après, comme la dévote se retirait chez
elle, elle trouva un gentilhomme qui lui présenta une lettre du capitaine, la priant de la
lire en particulier, et l'assurant qu'il l'avait vu
embarquer bien résolu de faire une expédition
qui plût au roi, et qui fût avantageuse à la foi.
Il ajouta en même temps qu'il s'en retournait
à Marseille pour donner ordre aux affaires du capitaine. La belle se mit à la fenêtre, et ouvrit sa
lettre, qui était de deux feuilles de papier, écrit
de tous les côtés. Voici ce qu'elle contenait :

> Mon long celer, ma taciturnité,
> Apporté m'a telle nécessité

Que je ne puis trouver de réconfort,
Ou qu'à parler, ou qu'à souffrir la mort.
Ce parler-là auquel j'ai défendu
De se montrer a attendu
De me voir seul et de mon secours loin ;
Et lors m'a dit qu'il était de besoin
De le laisser aller s'évertuer,
De se montrer ou bien de me tuer.
Il a plus fait, car il s'est venu mettre
Au beau milieu de cette mienne lettre,
Et dit que puisqu'œil ne peut voir
Celle qui tient ma vie en son pouvoir,
Dont le regard sans pleur me contentait,
Quand son parler mon oreille écoutait,
Que maintenant par force il saillira
Devant tes yeux, où point ne faillira
De te montrer mes plaintes et douleurs,
Dont le celer est cause que je meurs.
Je l'ai voulu de ce papier ôter,
Craignant que point ne voulusses écouter
Ce sot parler qui se montre en absence,
Qui trop craintif était en sa présence;
Disant, mieux vaut en me taisant mourir
Que de vouloir ma vie secourir,
Pour envier celle que j'aime tant,
Car de mourir pour son bien suis content.
D'autre côté, ma mort pourrait porter
Occasion de trop déconforter
Celle pour qui seulement j'ai envie
De conserver ma santé et ma vie

Ne t'ai-je pas, ô madame, promis,
Que, mon voyage à fin heureuse mis,
Tu me verras devers toi retourner,
Pour ton mari avec toi emmener,
Au lieu où as tant de dévotion,
Pour prier Dieu sur le mont de Sion.
Si je me meurs nul ne t'y mènera,
Trop de regret ma mort te donnera,
Voyant à rien tourner notre entreprise,
Qu'avecque tant d'affection as prise.
Je viendrai donc, et puis t'y mènerai,
Et en bref temps à toi retournerai.
La mort pour moi est bonne à mon avis,
Mais seulement pour toi seule je vis.
Pour vivre donc il me faut alléger
Mon pauvre cœur, et du faix soulager
Qui est à lui et à moi importable,
De te montrer mon amour véritable,
Qui est si grande, et si bonne, et si forte,
Qu'il n'y en eut jamais de telle sorte.
Que diras-tu? ô parler trop hardi!
Que diras-tu? je te laisse aller; di.
Pourras-tu bien lui donner connaissance
De mon amour? Las! tu n'as la puissance
D'en remontrer la millième part.
Diras-tu point au moins que son regard
A retiré mon cœur de telle force,
Que mon corps n'est plus qu'une morte écorce,
Si par le sien je n'ai vie et vigueur?
Las! mon parler faible et plein de langueur,

Tu n'as pouvoir de bien au vrai lui peindre,
Comment son œil peut un bon cœur contraindre.
Encore moins à louer sa parole,
Ta puissance est pauvre, débile et molle.
Si tu pouvais au moins lui dire un mot,
Qui bien souvent (comme muet et sot)
Sa bonne grâce et vertu me rendait,
Et à mon œil, qui tant la regardait,
Faisait jeter par grand amour des larmes,
Et à ma bouche aussi changer ses termes,
Voire et en lieu de dire que l'aimais,
Je lui parlais des signes et des mois,
Et de l'étoile arctique et antarctique.
O mon parler, tu n'as pas la pratique
De lui conter en quel étonnement
Me mettait lors mon amoureux tourment.
De dire aussi mes maux et mes douleurs,
Il n'y a pas tant de valeurs.
De déclarer ma grande et forte amour,
Tu ne saurais me faire un si bon tour.
Si tu ne peux au moins faire le tout
De raconter commence à quelque bout,
Et dis ainsi. Crainte de te déplaire
M'a fait long-temps malgré mon vouloir taire
Ma grande amour qui devant ton mérite,
Et devant Dieu et ciel doit être dite :
Car la vertu en est le fondement,
Et me rend doux mon trop cruel tourment.
Vu que l'on doit un tel trésor ouvrir
Devant chacun, et son cœur découvrir,

Car qui pourrait un tel amant reprendre,
D'avoir osé ou voulu entreprendre
D'acquérir dame en qui la vertu toute,
Voire et l'honneur font leur séjour sans doute?
Mais au contraire on doit bien fort blâmer
Celui qui voit un tel bien sans l'aimer.
Or l'ai-je vu et l'aime d'un tel cœur,
Qu'Amour sans plus en a été vainqueur.
Las! ce n'est point amour léger ou feint
Sur fondement de beauté, fol et peint.
Encore moins cet amour qui me lie,
Regarde en rien la vilaine folie :
Point n'est fondé en vilaine espérance
D'avoir de toi aucune jouissance.
Car rien n'y a au fond de mon désir,
Qui contre toi souhaite aucun plaisir.
J'aimerais mieux mourir en ce voyage,
Que te savoir moins vertueuse ou sage,
Ni que pour moi fût moindre la vertu
Dont ton corps est, et ton cœur revêtu.
Aimer te veux comme la plus parfaite
Qui oncques fut. Parquoi rien ne souhaite
Qui puisse ôter cette perfection,
La cause et fin de mon affection,
Et plus de moi tu es sage estimée
Et plus encor parfaitement aimée ;
Je ne suis pas celui qui se console
En son amour, et en sa dame folle.
Mon amour est très-sage et raisonnable ;
Car je l'ai mise en dame tant aimable,

Qu'il n'y a Dieu ni ange en paradis
Qui te voyant ne dit ce que je dis.
Mais si de toi je ne puis être aimé,
Il me suffit au moins d'être estimé.
Le serviteur plus parfait que fut oncques,
Ce que croiras j'en suis très-sûr adoncques,
Que la longueur du temps te fera voir,
Que de t'aimer je fais loyal devoir :
Et si de toi je n'en reçois autant,
A tout le moins de t'aimer suis content,
En t'assurant que rien ne te demande,
Fors seulement que je te recommande
Le cœur et corps brûlant pour ton service
Dessous l'autel d'amour pour sacrifice.
Crois hardiment que si je reviens vif,
Tu reverras un serviteur naïf :
Et si je meurs ton serviteur mourra,
Que jamais dame un tel ne trouvera.
Ainsi de toi s'en va emporter l'onde
Le plus parfait serviteur de ce monde.
La mer peut bien ce mien corps emporter,
Mais non le cœur, que nul ne peut ôter
D'avecque toi, où il fait sa demeure,
Sans plus vouloir à moi tenir une heure.
Si je pouvais avoir par juste échange
Un peu du tien pur et clair comme un ange,
Je ne craindrais d'emporter la victoire,
Dont ton seul cœur en gagnerait la gloire.
Or vienne donc ce qu'il en aviendra,
J'en ai jeté le dé, là se tiendra

> Ma volonté sans aucun changement.
> Et pour mieux peindre au tien entendement
> Ma loyauté, ma ferme sûreté,
> Ce diamant, pierre de fermeté,
> En ton doigt blanc je te supplie de prendre :
> Car puis pourras trop plus qu'heureux me rendre.
> Ce diamant suis celui qui m'envoie
> Entreprenant cette douteuse voie,
> Pour mériter par ses œuvres et faits
> D'être du rang des vertueux parfaits,
> Afin qu'un jour il puisse avoir sa place
> Au désiré lieu de ta bonne grâce.

La dévote lut cette lettre tout du long, et s'étonnait d'autant plus de l'amour du capitaine, qu'elle ne s'en était jamais défiée. Considérant le diamant, qui était gros, beau, et la bague émaillée de noir, elle ne savait ce qu'elle en devait faire. Après y avoir rêvé toute la nuit, elle fut ravie de trouver sujet de ne pas répondre, faute de messager, songeant en elle-même que le porteur ayant autant de peine qu'il en avait pour le service de son maître, elle devait lui épargner le chagrin de la fâcheuse réponse qu'elle avait résolu de lui faire, et qu'elle jugea à propos de remettre jusqu'au retour du capitaine. Mais elle fut fort embarrassée du diamant, sa coutume n'étant point de se parer qu'aux dépens de son mari. Comme elle avait du sens, elle s'avisa de l'employer à la décharge de la conscience du capitaine, et dépêcha sur-le-champ un de ses domestiques à la triste femme du capitaine, à laquelle elle écrivit comme si c'eût été une religieuse de Tarascon, en ces termes :

« Madame, monsieur votre mari a passé par ici, un peu avant que de s'embarquer. Il s'est confessé, et a reçu son Créateur en bon chrétien, et m'a déclaré un fait dont il sent sa conscience chargée, c'est le regret de ne vous avoir pas aimée comme il devait. Il me pria, en partant, de vous envoyer cette lettre avec ce diamant, qu'il vous prie de garder pour l'amour de lui, vous assurant que, si Dieu le ramène en santé, il réparera le passé par tout l'amour que vous pouvez souhaiter. Ce diamant sera pour vous un gage de sa parole. Je vous demande pour lui le secours de vos bonnes prières ; car il aura toute ma vie part aux miennes. »

Cette lettre, ainsi composée, fut envoyée à la femme du capitaine. Quand la bonne femme eut reçu la lettre et le diamant, il ne faut pas demander combien elle pleura de joie et de regret ; de joie, d'être aimée de son mari, et de regret de s'en voir privée. Elle baisa la bague plus de mille fois, et la lava de ses larmes. Elle loua Dieu de lui avoir redonné l'amitié de son mari sur la fin de ses jours, et dans le temps qu'elle ne l'espérait plus. La religieuse qui, après Dieu, lui avait procuré tant de bien, ne fut pas oubliée pour les remercîments. Elle lui fit réponse par le même homme, qui fit bien rire sa maîtresse quand il lui dit de quelle manière la femme du capitaine avait reçu le tout. La dévote se félicita de s'être défaite de son diamant d'une manière si pieuse, et eut autant de joie d'avoir rétabli la bonne intelligence entre le mari et la femme, que si elle avait gagné un royaume.

Quelque temps après, on reçut nouvelles de la défaite et de la mort du pauvre capitaine. Il fut abandonné de ceux qui devaient le secourir, et les Rhodiens, qui avaient plus d'intérêt à cacher son dessein, furent les premiers à le révéler. Près de quatre-vingts hommes qui avaient fait descente, y périrent presque tous. Il y avait entre autres un gentilhomme, nommé Jean, et un Turc que la dévote avait tenu sur les fonts, et qu'elle lui avait donné pour faire le voyage avec lui. Le premier mourut avec le capitaine, et le Turc, blessé de quinze coups de flèche, gagna à la nage les vaisseaux français, et ce fut par lui qu'on sut au vrai comme la chose s'était passée. Un certain gentilhomme, que le capitaine croyait de ses amis, et qu'il avait avancé auprès du roi et des plus grands de la France, voyant que le capitaine avait fait descente, reprit le large avec ses vaisseaux. Le capitaine, voyant que son dessein était découvert, et qu'il avait affaire à plus de quatre mille Turcs, se mit en devoir de se retirer. Mais le gentilhomme en qui il avait tant de confiance, considérant qu'après sa mort il aurait le commandement et le profit de cette grande flotte, représenta aux officiers qu'il ne fallait pas hasarder les vaisseaux du roi, et tant de braves gens qui étaient dessus, pour sauver quatre-vingts ou cent personnes. Ceux qui n'avaient pas plus de cœur que lui furent de son sentiment. Le capitaine, voyant que plus il les appelait plus ils s'éloignaient, tourna tête aux ennemis; et quoiqu'il fût jusqu'aux genoux dans le sable, il se défendit si vaillamment, qu'il semblait que lui seul dût défaire les ennemis. Pour son compagnon, il avait plus de peur des ennemis que de désir d'avoir part à sa vic-

toire. Quelque chose qu'il pût faire, il reçut
enfin tant de coups de flèches de ceux qui ne
pouvaient s'approcher de lui qu'à la portée de
l'arc, qu'il commença de s'affaiblir par la perte
de son sang. Les Turcs, voyant alors la faiblesse
des chrétiens, fondirent sur eux à grands coups
de cimeterre. Nonobstant la supériorité du nombre, les fidèles se défendirent tant qu'ils eurent
de vie. Le capitaine appela le gentilhomme
nommé Jean, que la dévote lui avait donné, et
le Turc aussi, et mettant la pointe de son épée
en terre, baisa et embrassa la croix à genoux,
disant : Seigneur, reçois l'âme de celui qui n'a
point épargné sa vie pour l'exaltation de ton
nom. Jean, voyant qu'en disant ces paroles les
forces lui manquaient, l'embrassa lui et son
épée, voulant le secourir; mais un Turc lui coupa
par derrière les deux cuisses. Allons, capitaine,
s'écria-t-il tout haut à ce coup, allons en paradis, voir celui pour qui nous mourons. Comme

il avait eu part à la vie du capitaine, il eut aussi part à sa mort. Le Turc, voyant qu'il ne pouvait servir de rien à l'un ni à l'autre, et qu'il avait quatre coups de flèche, regagna les vaisseaux à la nage; et quoiqu'il demandât d'y être reçu, et qu'il fût le seul réchappé de quatre-vingts, le perfide commandant ne voulut pas le recevoir. Mais comme il nageait fort bien, il alla de vaisseau en vaisseau, et fit tant qu'il fut reçu dans un petit vaisseau, où il ne fut pas long-temps sans être guéri de ses blessures. Ce fut par cet étranger qu'on sut la vérité de cet événement, glorieux au capitaine et honteux à son compagnon. Le roi, voulant être instruit du détail de cette affaire, fit appeler cet étranger, qui, en présence de quelques personnes de sa cour, raconta les faits que l'on vient d'exposer. Tout le monde jugea l'action si noire envers Dieu et envers les hommes, qu'il n'y avait point de supplice qu'il ne méritât. Mais, à son retour, il débita tant de faussetés, et fit tant de présents, que non-seulement son crime demeura impuni, mais il succéda à la charge de celui dont il ne méritait pas d'être le valet. Quand cette triste nouvelle vint à la cour, madame la régente, qui estimait fort le capitaine, le regretta beaucoup; autant en fit le roi, et tous ceux qui l'avaient connu. La dévote qu'il aimait passionnément, apprenant une mort si triste, changea en larmes la dureté qu'elle avait eue pour lui, et quant aux lamentations, elle fut suivie de son mari, qui se voyait frustré de l'espérance de son voyage.

Je ne dois pas oublier qu'une demoiselle qui appartenait à la dévote, et qui aimait le gentilhomme Jean plus qu'elle-même, vint dire à sa maîtresse, le propre jour que le capitaine et lui furent tués, qu'elle avait vu en songe celui qu'elle aimait avec tant de passion; qu'il lui était venu dire adieu en habit blanc, et lui avait dit qu'il s'en allait en paradis avec son capitaine. Mais quand elle apprit que son songe était véritable, elle fit tant de doléances, que sa maîtresse était assez occupée à la consoler. Quelque temps après la cour alla en Normandie, d'où était le capitaine, la femme duquel ne manqua pas de venir faire la révérence à la régente. Elle prit pour introductrice la dévote que son mari avait tant aimée. En attendant l'heure qu'elle pût avoir audience, elles entrèrent dans une église. La veuve commença à louer son mari, et à faire des doléances sur sa mort. Je suis, madame, la plus malheureuse de toutes les femmes, lui dit-elle entre autres choses. Dieu m'a ôté mon mari dans le temps qu'il m'aimait plus qu'il n'avait jamais fait. En disant cela, elle lui montra le diamant qu'elle avait au doigt pour gage de sa parfaite amitié. Cela ne fut pas dit sans larmes ; et la dévote, qui voyait que sa tromperie avait produit un si grand bien, avait tant d'envie de rire, quelque affligée qu'elle fût, que, ne pouvant la présenter à la régente, elle la donna à une autre, et se retira dans une chapelle, où elle passa l'envie qu'elle avait de rire.

Il me semble, mesdames, que celles à qui l'on fait des présents devraient souhaiter de les employer aussi utilement que fit cette dévote ; car elles trouveraient qu'il y a du plaisir et de la joie à faire du bien. Il ne faut point l'accuser de tromperie, mais louer son bon sens, qui sut tirer du bien de ce qui ne valait rien en soi. Vous voulez donc dire, répondit Nomerfide, qu'un beau diamant de deux cents écus ne vaut rien ? Je vous assure que s'il fût tombé entre mes mains, sa femme ni ses parents n'en eussent jamais rien vu. Rien n'est mieux à soi que ce qui est donné. Le capitaine était mort, personne n'en savait rien, et elle se fût bien passée de faire pleurer cette pauvre vieille. De bonne foi, répliqua Hircan, vous avez raison ; car il y a bien des femmes qui, pour faire voir qu'elles valent plus que les autres., font souvent des actions contre leur naturel; en effet, ne savons-nous pas tous qu'il n'est rien de si avare qu'une femme? Cependant, la gloire l'emporte souvent sur l'avarice, et leur fait faire des choses où le cœur n'a point de part. Je crois que celle qui fit si peu de cas du diamant ne le méritait pas. Doucement, doucement, dit Oysille : je crois la connaître, et je vous prie de ne la point condamner sans l'entendre. Je ne la condamne point, madame, répondit Hircan : mais si le capitaine était un aussi galant homme que vous le représentez, il lui était glorieux d'avoir un amant d'un tel mérite, et de porter sa bague : mais peut-être qu'un moins digne d'être aimé la tenait si bien par le doigt, que le diamant ne put y entrer. Il est vrai, dit Émarsuite, qu'elle le pouvait bien garder, puisque personne n'en savait rien. Quoi! reprit Guebron, est-ce que tout est permis à ceux qui aiment, pourvu qu'on n'en sache rien? Je n'ai jamais vu, répliqua Saffredant, punir d'un crime que l'imprudence ; en effet, il n'y a point de meurtrier, point de voleur, point d'adultère, qui soient punis par la justice, ou blâmés parmi les hommes, pourvu qu'ils soient aussi fins que malins ; mais la malice les aveugle souvent de manière qu'ils deviennent insensés. Ainsi, il est vrai de dire que les sots sont punis, et non pas les vicieux. Vous en direz ce qu'il vous plaira, dit encore Oysille ; c'est à Dieu à juger du cœur de cette dame. Pour moi, je ne trouve rien que d'honnête et de vertueux. Et, pour écarter cette dispute, je vous prie, Parlamente, de donner votre voix à quelqu'un. Je la donne très-volontiers à Simontault, répondit Parlamente ; et je suis trompée, si, après ces deux tristes nouvelles, il ne nous en va conter une qui ne nous fera point pleurer. Grand merci, dit Simontault ; en me donnant votre voix, peu s'en faut que vous ne me nommiez facétieux, épithète qui me déplaît. Pour m'en venger, je vous ferai voir qu'il y a des femmes qui font semblant d'être chastes à l'égard de certaines gens, ou durant quelque temps : mais la fin les démasque, comme vous l'allez voir par cette histoire véritable.

XIV.

Subtilité d'un amant qui, sous le nom de véritable ami, trouva moyen de se récompenser de ses travaux passés.

———◆———

Du temps que le grand-maître de Chaumont était gouverneur du duché de Milan, il y avait un gentilhomme nommé Bonnivet, que son mérite a fait depuis amiral de France. Comme ses grandes vertus le faisaient aimer de tout le monde, il se trouvait volontiers aux régals où étaient les dames, auprès desquelles il était mieux venu que ne fut jamais Français, tant parce qu'il était bien fait et agréable, et qu'il parlait bien, que parce qu'il passait pour le plus adroit et le plus résolu soldat de son temps. Un jour de carnaval, qu'il allait en masque, il fit danser une dame de la ville, la mieux faite et la plus belle. A toutes les pauses que faisaient les haut-bois, il ne manquait pas de lui parler d'amour; ce qu'il savait mieux faire que personne. La belle, qui ne se croyait pas obligée de répondre à ses très-humbles supplications, l'arrêta tout court, et lui dit sur-le-champ, qu'elle n'aimait et n'aimerait jamais que son mari, et qu'il devait s'adresser ailleurs. Cette réponse ne rebutant point Bonnivet, qui ne se croyait pas encore refusé, il poussa sa pointe, et la sollicita vivement jusques à la mi-carême. Il trouva toujours la belle inébranlable, et ne pouvait croire ce qu'il voyait, vu la mauvaise mine du mari et la beauté de la femme. Sentant donc qu'elle usait de dissimulation, il résolut d'avoir recours à la fraude, et discontinua dès lors ses sollicitations. Il s'informa de sa conduite, et apprit qu'elle aimait un gentilhomme italien, qui avait de la sagesse et de la vertu. Bonnivet fit connaissance peu à peu avec l'Italien, et s'y prit si adroitement, qu'il ne s'aperçut aucunement du motif qui le faisait agir. Il eut pour lui une si parfaite estime, qu'à sa belle près, c'était la personne du monde qu'il aimait le plus. Bonnivet, pour tirer le secret du gentilhomme italien, fit semblant de lui dire le sien, et lui dit qu'il aimait une dame qu'il ne devinerait jamais, le priant au reste de garder le secret, afin qu'ils n'eussent tous deux qu'un cœur et une pensée. L'Italien, pour répondre à la confiance que Bonnivet avait en lui, l'instruisit tout du long de l'amour qu'il avait pour celle dont il s'agit, et dont Bonnivet voulait se venger. Ils se voyaient tous les jours, et se rendaient réciproquement compte des bonnes fortunes de la journée, avec cette différence que l'un mentait, et l'autre disait la vérité. L'Italien avoua qu'il y avait trois ans qu'il aimait la dame en question, sans en avoir eu que de bonnes paroles, et des assurances d'être aimé. Bonnivet lui donna tous les conseils dont il put s'aviser; et l'Italien se trouva si bien de ses conseils, qu'en peu de jours elle lui accorda tout ce qu'il demandait. Il ne s'agissait plus que de trouver moyen de se voir : mais comme Bonnivet était fertile en expédients, ce moyen fut bientôt trouvé. Je vous suis plus obligé qu'à homme du monde, lui dit un jour l'Italien avant souper, car, grâce à vos bons conseils, j'espère avoir cette nuit ce que je souhaite depuis tant d'années. Je vous prie, dit alors Bonnivet, que je sache ce que c'est que votre entreprise, afin que si c'est un effet du hasard, ou qu'il y entre de l'artifice, je puisse vous aider et servir comme votre ami. Il apprit que la belle pouvait laisser la grande porte de la maison ouverte, sous prétexte qu'un de ses

frères, qui était malade, envoyait à toute heure
en ville quérir ce qu'il avait besoin : que l'Italien devait entrer par cette porte dans la cour,
mais ne pas monter par l'escalier, et passant par
un petit degré à main droite, entrer dans la première galerie qu'il trouverait, où toutes les portes
des chambres de son beau-père et de son beaufrère se rendaient ; de bien choisir la troisième
porte la plus proche du degré ; et que si en la
poussant doucement il la trouvait fermée, il n'avait qu'à s'en retourner, bien assuré que le mari
était de retour, qu'on lui avait dit néanmoins
ne devoir revenir que dans deux jours : mais que
s'il la trouvait ouverte, il n'avait qu'à entrer
doucement, et fermer la porte à verrou, persuadé qu'il n'y aurait dans la chambre que la
belle : mais surtout qu'il avait ordre de venir avec
des souliers de feutre, pour ne pas faire de bruit,
et de ne partir de chez lui que deux heures après
que minuit fussent sonnées, parce que les beaux-

frères de la belle, qui aimaient fort le jeu, ne se couchaient jamais qu'il ne fût plus d'une heure. Bonnivet le félicita, lui souhaita bon voyage, et lui dit que s'il lui était bon à quelque chose, il ne l'épargnât pas. L'Italien le remercia, et lui dit que comme en ces sortes de choses on ne pouvait pas prendre trop de précautions, il s'en allait donner ordre à tout.

Bonnivet, de son côté, ne s'endormit pas, et, voyant qu'il était temps de se venger de la belle, il se retira de bonne heure, se fit faire la barbe de la longueur et de la largeur que l'Italien la portait, et se fit couper les cheveux, afin qu'en touchant on ne pût le reconnaître. Les souliers de feutre ne furent pas oubliés, non plus que toutes les autres choses que portait l'Italien. Comme il était fort considéré du beau-père de la belle, il ne fit point difficulté d'y aller de bonne heure, résolu, en cas qu'il fût aperçu, d'aller droit à la chambre du bonhomme, avec lequel il avait des affaires. Il vint à minuit chez la belle, où il trouva assez d'allants et venants; mais il passa sans être reconnu, et entra dans la galerie. Il toucha les deux premières portes, et les trouva fermées. La troisième étant ouverte, il entra, et ferma la porte à verrou. La chambre était toute tendue de blanc, et il y avait un lit avec une garniture de la même couleur, d'une toile si déliée et si ouvragée, qu'on ne pouvait rien voir de plus propre. La belle était seule et au lit, parée avec la dernière richesse. A la faveur d'un gros flambeau de cire blanche, dont la chambre était illuminée, il vit par un coin du rideau la propreté de la belle sans en être vu. De peur d'en être reconnu, il commença par éteindre le flambeau; ensuite il se déshabilla, et se coucha auprès d'elle. La belle, qui croyait que c'était celui qui l'avait si long-temps aimée, le reçut avec toutes les caresses qu'il lui fut possible. Mais, comme il savait qu'il devait tout cela à son erreur, il se donna bien de garde de lui dire un seul mot, et ne songea qu'à se venger aux dépens de l'honneur de la belle, et sans lui en avoir aucune obligation. Mais elle était si satisfaite d'une si douce vengeance, qu'elle croyait l'avoir récompensé de toutes ses peines. Cela dura jusqu'à ce qu'une heure fût sonnée, qui était le temps de dire adieu. Alors il lui demanda, le plus bas qu'il put, si elle était aussi contente de lui qu'il l'était d'elle. Elle, qui le prenait toujours pour son amant, lui répondit que non-seulement elle était contente, mais même surprise de l'excès de son amour, qui l'avait tenu une heure sans parler. Il ne put alors s'empêcher d'éclater, et de lui dire : Me refuserez-vous une autre fois, madame, comme vous avez fait ci-devant? Elle, qui le reconnut à la voix, et à ses éclats de rire, fut au désespoir de honte et de regret, et l'appela mille fois trompeur, traître, méchant. Elle voulut se jeter hors du lit pour chercher un couteau pour s'en tuer, du regret qu'elle avait d'avoir prostitué son honneur à un homme qu'elle n'aimait pas, et qui, pour se venger du mépris qu'elle avait fait de lui, pouvait publier la chose. Mais il la retint, et lui promit si fortement de l'aimer plus que celui qui l'aimait, et l'assura si bien qu'il garderait le secret, qu'elle le crut et s'apaisa. Il lui dit comme il avait fait, et lui conta les peines qu'il avait prises pour elle. Elle loua son adresse, et lui jura qu'elle l'aimerait mieux que l'autre, qui n'avait pu garder son secret. Elle ajouta qu'elle voyait la fausseté des préjugés qu'on avait contre les Français, qui étaient plus sages, plus constants, et plus discrets que les Italiens; qu'elle abandonnait désormais les sentiments de sa nation, et qu'elle voulait s'attacher à lui. Mais elle le pria de ne se trouver de quelque temps dans les lieux où aux régals où elle serait, à moins qu'il n'y vînt en masque, bien persuadée, disait-elle, qu'elle aurait tant de honte, que tout le monde jugerait mal d'elle à sa contenance. Il le lui promit, et la pria à son tour de bien recevoir son ami quand il viendrait à deux heures, et qu'à l'avenir elle pourrait peu à peu s'en défaire. Elle fit de grandes difficultés, et ne se rendit que par la force de l'amour qu'elle avait pour lui. En prenant congé il la rendit si contente, qu'elle eût bien voulu qu'il eût fait plus long séjour. S'étant donc habillé, il sortit, et laissa la porte entr'ouverte, en l'état qu'il l'avait trouvée. Comme il était près de deux heures, et qu'il avait peur de rencontrer l'Italien, il s'alla poster au haut du degré, et le vit bientôt passer et entrer dans la chambre de la belle. Bonnivet se retira ensuite à son logis; et, pour se reposer des travaux de la nuit, il se mit au lit, où il était encore à neuf heures du matin. L'Italien ne manqua pas de venir à son lever, et de lui conter son aventure, qui n'avait pas eu tous les agréments qu'il en avait espérés; car, dit-il, j'ai trouvé la belle debout, et en manteau de nuit, avec une grosse fièvre, le pouls fort ému, le visage en feu, et commençant si fort à suer, qu'elle m'a prié de m'en retourner, n'osant appeler ses femmes, de peur d'inconvénient. Elle était enfin si mal, qu'elle avait plus besoin de penser à la mort qu'à l'amour, et d'entendre parler de Dieu que de Cupidon. Je suis bien marrie, au reste, m'a-t-elle dit, que vous vous soyez exposé pour l'amour de moi, ne pouvant vous rendre en ce monde ce que j'espère bientôt de faire en l'autre. J'ai été si surpris, ajouta-t-il, d'un contre-temps si peu attendu, que mon feu et ma joie se sont convertis en glace et en tristesse, et je me suis incontinent retiré. Ce matin, dès que le jour a paru, j'ai envoyé demander de ses nouvelles; et on m'a rapporté qu'elle est extrêmement mal. En faisant cette relation il pleurait si fort, qu'il

semblait que l'âme dût lui sortir par les yeux.
Bonnivet, qui avait autant envie de rire que
l'autre de pleurer, le consola du mieux qu'il put,
et lui représenta que les commencements des
choses de longue durée sont toujours difficiles,
et que l'amour n'avait fait naître ce retardement
que pour lui faire trouver plus doux le plaisir de
la jouissance. Là-dessus ils se séparèrent. La
belle garda quelques jours le lit, et ne fut pas
plus tôt debout, qu'elle congédia son premier
amant, alléguant pour raison la crainte qu'elle
avait eue de la mort, et les alarmes de sa conscience. Elle fut tout entière à Bonnivet, dont
l'amour dura, selon l'ordinaire, comme la beauté
des fleurs.

Il me semble, mesdames, que les finesses de
Bonnivet valent bien l'hypocrisie de la Milanaise,
qui, après avoir contrefait la prude, fit voir enfin
sa turpitude. Vous direz ce qu'il vous plaira des
femmes, dit Émarsuite ; mais Bonnivet fit le tour

d'un malhonnête homme. Si une femme aime un homme, s'ensuit-il qu'un autre doive lui faire une supercherie de cette force ? Comptez, répliqua Guebron, que, quand ces sortes de marchandises sont en vente, le plus offrant et dernier enchérisseur les emporte toujours. Ne vous imaginez pas que ceux qui servent des dames se donnassent tant de peines pour l'amour d'elles. Ils ont en cela plus d'égard à eux qu'à elles. C'est de quoi je ne doute aucunement, repartit Longarine ; car, pour vous parler franchement, tous les amants que j'ai eus ont toujours débuté par mes intérêts, et par me dire qu'ils aimaient ma vie, ma satisfaction et mon honneur, et le dénouement de tout cela a toujours été leur propre intérêt, leur plaisir et leur gloire. Ainsi, le meilleur est de les congédier dès la première partie de leur sermon ; car quand on vient à la seconde, on ne peut pas si honnêtement les refuser, attendu que le vice connu est de soi refusable.

Il faudrait donc, dit Émarsuite, renvoyer un homme dès qu'il ouvre la bouche, sans savoir ce qu'il a à dire? Ce n'est pas cela, répliqua Parlamente; on sait bien qu'une femme, d'abord, ne doit pas faire semblant d'entendre, et même de croire la déclaration qu'un amant lui a faite. Mais quand il en vient aux gros serments, il me semble qu'il est plus honnête aux dames de le laisser dans ce beau chemin que d'aller jusqu'à la vallée. Devons-nous croire, Nomerfide, qu'ils nous aiment d'un amour criminel? N'y a-t-il pas du péché à juger mal de son prochain? Vous en croirez ce qu'il vous plaira, dit Oysille; mais il faut tellement craindre que cela soit, qu'aussitôt que vous en découvrez quelque chose, vous ne sauriez assez promptement vous éloigner d'un feu qui a plus tôt brûlé un cœur qu'il ne s'en est aperçu. Ces lois sont bien dures, répondit Hircan; si les femmes, auxquelles la douceur sied si bien, étaient aussi rigoureuses que vous voulez qu'elles soient, nous quitterions la douceur et les supplications, et emploierions la ruse et la violence. Le meilleur est, repartit Simontault, que chacun suive son penchant, qu'il aime ou qu'il n'aime point; mais toujours le cœur sur les lèvres. Plût à Dieu, dit Saffredant, que cette loi apportât autant d'honneur qu'elle ferait de plaisir ! Mais Dagoucin ne put se tenir de dire : Ceux qui aimeraient mieux mourir que de faire connaître leurs sentiments, ne s'accommoderaient pas de votre loi. Mourir! répondit Hircan. Le cavalier est encore à naître, qui voudrait mourir pour pareille chose. Mais laissons l'impossibilité, et voyons à qui Simontault donnera sa voix. A Longarine, repartit Simontault : car j'ai tantôt remarqué qu'elle parlait toute seule, et je crois qu'elle répète quelque bon rôle; et elle n'a pas de coutume de déguiser la vérité ni contre les hommes, ni contre les femmes. Puisque vous me croyez si amie de la vérité, dit Longarine, je vais vous conter une histoire qui, pour n'être pas tant que je voudrais à la louange des femmes, vous fera voir néanmoins qu'il y en a qui ont le cœur aussi bon, l'esprit aussi juste, et ne sont pas moins rusées que les hommes. Si mon conte est un peu long, je tâcherai de vous dédommager par un peu de gaîté.

XV.

Une dame de la cour, se voyant méprisée de son mari, qui aimait ailleurs, lui rendit la pareille, et aima de son côté.

―――

Il y avait à la cour de François Ier un gentilhomme, dont je dirais bien le nom si je voulais. Il était pauvre, et n'avait pas 500 livres de rente ; mais le roi en faisait tant de cas pour les grandes vertus dont il était doué, qu'il lui fit épouser une femme si riche, qu'un grand seigneur s'en serait contenté. Comme sa femme était encore fort jeune, il pria une des plus grandes dames de la cour de vouloir la tenir auprès d'elle; ce qu'elle fit bien volontiers. Le gentilhomme était si honnête et avait si bon air, que toutes les dames de la cour en faisaient fort grand cas; une, entre autres, que le roi aimait, et qui n'était ni si belle, ni si jeune que sa femme. Le gentilhomme aimait cette femme avec tant de passion, et faisait si peu de compte de la sienne, qu'à peine en un an couchait-il une nuit avec elle : et pour surcroît de douleur à cette pauvre petite femme, il ne lui parlait jamais, ni ne lui donnait aucune marque d'amitié; ce qu'elle avait assez de peine à soutenir. Il jouissait cependant de son bien, et lui en faisait si petite part, qu'elle n'avait pas de quoi s'habiller suivant sa qualité ni comme elle aurait voulu. La dame auprès de qui elle était en parlait souvent au mari par manière de plainte. Votre femme, lui disait-elle, est belle, riche et de bonne maison; cependant vous la méprisez. Son enfance et sa jeunesse lui ont jusqu'ici fait souffrir vos mépris ; mais il est à craindre que quand elle se verra belle et grande, son miroir, ou quelqu'un qui ne vous aimera pas, lui représente si bien sa beauté que vous dédaignez, que le dépit lui fera faire une chose à laquelle elle n'oserait avoir pensé, si vous en usiez mieux avec elle. Le gentilhomme, qui avait le cœur ailleurs, se moqua de cette sage remontrance, et alla toujours son chemin. En deux ou trois ans la jeune femme commença à devenir une des plus belles femmes de France : sa réputation fut si grande, que le bruit courait à la cour qu'elle n'avait pas sa pareille. Plus elle se sentait digne d'être aimée, plus lui était sensible le mépris que son mari avait pour elle : elle en tomba dans un si grand accablement, que, sans les consolations de sa maîtresse, elle se fût presque jetée dans le désespoir. Après avoir inutilement tenté tous les moyens de plaire à son mari, elle conclut en elle-même qu'il était impossible qu'il répondît si mal à l'amour qu'elle avait pour lui, à moins qu'il ne fût pris ailleurs : elle chercha si bien et si finement, qu'elle trouva qu'il était toutes les nuits si occupé ailleurs, qu'il oubliait sa conscience et sa femme. Quand elle fut bien assurée de la vie qu'il menait, elle tomba dans une si profonde mélancolie, qu'elle ne voulait s'habiller que de noir, et fuyait tous les lieux de divertissement. Sa maîtresse s'en aperçut, et n'oublia rien pour la tirer de cet accablement ; mais tous ses soins furent inutiles. Son mari en fut averti ; mais il s'en moqua, au lieu de songer au remède. Un jeune seigneur, proche parent de la maîtresse de cette jeune femme, et qui lui rendait de fréquentes visites, ayant appris un jour les duretés du mari, en fut si touché, qu'il voulut essayer de consoler la femme. Il la trouva de si bonne conversation, si belle et si vertueuse, qu'il souhaita beaucoup plus de s'en faire aimer que de lui parler de son mari, si ce n'est pour lui faire connaître le peu de sujet qu'elle avait de l'aimer.

Cette jeune dame, se voyant abandonnée de celui qui la devait aimer, et, d'autre côté, aimée et sollicitée par un seigneur si bien fait, se crut heureuse d'avoir fait une conquête de cette conséquence. Quoiqu'elle désirât toujours conserver son honneur, elle prenait néanmoins grand plaisir de lui parler et de se voir aimée, de quoi elle était, pour ainsi dire, affamée. Cette amitié dura quelque temps; mais le roi, qui aimait fort le mari, et qui ne voulait pas que personne lui fît affront ni déplaisir, s'en étant aperçu, pria le prince de discontinuer ses soins, sous peine d'encourir son indignation. Le prince, qui aimait plus les bonnes grâces du roi que toutes les dames du monde, lui promit d'abandonner son dessein, puisqu'il le souhaitait, et d'aller, dès le soir même, prendre congé de la belle; ce qu'il fit aussitôt qu'il sut qu'elle s'était retirée à son logis, où logeait aussi le mari, qui avait sa chambre au-dessus de celle de sa femme. Sur le soir, étant à la fenêtre, il vit entrer le prince dans la chambre de sa femme. Le prince, qui le vit bien, ne laissa pas pour cela d'entrer. En disant adieu à celle qu'il ne commençait que d'aimer, il lui allégua, pour toutes raisons de son changement, le commandement du roi. Après bien des larmes et bien des regrets, qui durèrent jusqu'à une heure après minuit, la belle lui dit en se séparant : Je loue Dieu, monsieur, de la grâce qu'il me fait de me priver de votre amitié, puisqu'elle est si médiocre et si faible, qu'elle n'est pas à l'épreuve du commandement des hommes. Pour moi, je n'ai consulté pour vous aimer ni maîtresse, ni mari, ni moi-même. L'amour, votre honnêteté et votre bonne mine ont gagné mon cœur; mais puisque vous êtes moins amoureux que craintif, vous ne pouvez pas aimer parfaitement, et je ne veux point d'ami qui ne soit à toute épreuve. J'aime parfaitement comme j'avais résolu de vous aimer : mais, monsieur, je suis contrainte de vous dire adieu, et de vous déclarer que votre timidité ne mérite pas un amour aussi franc et aussi sincère que le mien. Le prince sortit les larmes aux yeux, et, regardant derrière lui, il vit encore le mari qui l'avait vu entrer et sortir. Il lui dit le lendemain pourquoi il était allé voir sa femme, et lui apprit le commandement que le roi lui avait fait. Le gentilhomme en fut fort content, et en remercia le roi. Mais voyant que sa femme embellissait tous les jours, et qu'il devenait vieux et laid, il commença à changer de rôle, et à prendre celui qu'il faisait depuis long-temps jouer à sa femme; car il l'aimait plus que de coutume, et prenait plus garde à elle; mais plus elle voyait qu'il la recherchait, plus elle le fuyait, étant bien aise de lui rendre une partie des ennuis qu'il lui avait donnés par son indifférence. Pour ne goûter pas si tôt le plaisir que l'amour commençait à lui donner, elle s'adressa à un jeune gentilhomme si bien fait, parlant si bien, et ayant si bon air, qu'il était aimé de toutes les dames de la cour. En se plaignant à lui des duretés qu'on avait eues pour elle, elle lui fit naître l'envie d'avoir pitié d'elle, et le fit si bien, qu'il n'oublia rien pour tâcher de la consoler. La belle, de son côté, pour se dédommager du prince qu'elle avait perdu, aima si fort ce nouveau-venu, qu'elle oublia ses chagrins passés, et ne songeait qu'aux moyens de ménager son intrigue avec adresse. Elle y réussit si bien, que sa maîtresse ne s'en aperçut jamais, se donnant bien de garde de parler en sa présence à son amant. Quand elle avait quelque chose à lui dire, elle allait voir certaines dames de la cour, entre lesquelles il y en avait une dont son mari faisait semblant d'être amoureux. Un soir après souper, que la nuit était fort obscure, la belle se déroba et entra toute seule dans la chambre des dames, où elle trouva celui qu'elle aimait plus qu'elle-même. Elle s'assit après de lui, et, appuyée sur une table, ils s'entretenaient ensemble, faisant semblant de lire un livre. Quelqu'un, que le mari avait mis en sentinelle, vint lui dire où sa femme était allée: lui, qui était sage, la suivit le plus promptement qu'il put. Il entre dans la chambre, et voit sa femme qui lisait un livre. La belle, feignant de ne le point voir, alla d'un autre côté parler aux dames. La belle, voyant que son mari l'avait trouvée avec un homme auquel elle n'avait jamais parlé en sa présence, se trouva si déconcertée, qu'elle perdit la tramontane, et, ne pouvant passer le long d'un banc, se glissa le long d'une table, et s'enfuit comme si son mari l'eût poursuivie l'épée à la main. Elle alla retrouver sa maîtresse, qui était sur le point de se retirer. Après l'avoir déshabillée, elle sortit, et rencontra une de ses femmes qui venait lui dire que son mari la demandait. Elle répondit franchement qu'elle ne voulait pas y aller, parce qu'étant aussi bizarre et aussi dur qu'il l'était, elle craignait qu'elle ne lui fît quelque violence. Elle y alla pourtant, de peur de pis. Son mari ne lui en dit pas un seul mot que quand ils furent couchés. Elle, qui ne voyait pas lieu de dissimuler, s'en prit à ses yeux, et se mit tendrement à pleurer. Il lui demanda le sujet de ses larmes, et elle répondit qu'elle pleurait parce qu'elle avait peur qu'il fût fâché contre elle de ce qu'il l'avait trouvée lisant avec un gentilhomme. Le mari répliqua qu'il ne lui avait jamais défendu de parler à personne, et qu'il n'avait point trouvé mauvais qu'elle parlât à ce gentilhomme; mais qu'il avait été surpris de la voir fuir, comme si elle avait fait quelque chose digne de censure, et que cela lui avait fait croire qu'elle aimait le gentilhomme. Le tout aboutit à lui défendre de ne parler désormais à homme ni en public, ni en particulier, l'assurant, qu'en cas qu'elle en usât autrement, il la tuerait sans miséricorde. Elle accepta volontiers le parti, comptant de prendre mieux ses mesures à l'avenir. Mais comme il suffit de nous défendre les choses que nous voulons, pour nous les faire désirer avec plus d'empressement, la pauvre femme eut bientôt oublié les menaces de son mari. Dès le soir même, étant retournée coucher en une autre chambre avec d'autres demoiselles et ses gardes, elle envoya prier le gentilhomme de la venir voir la nuit. Le mari, que la jalousie empêchait de dormir, et qui avait entendu dire que le gentilhomme allait voir sa femme de nuit, s'enveloppe d'une cape, prend avec lui un valet de chambre, et va frapper à la porte de sa femme. Elle, qui n'attendait rien moins que lui, se leva toute seule, en brodequins et en manteau, et, voyant ses femmes endormies, elle sort, et s'en va droit à la porte où elle avait entendu heurter. Au qui va-là fut répondu le nom de celui qu'elle aimait; mais, pour en être plus assurée, elle entr'ouvrit le guichet, et dit : Si vous êtes celui que vous dites, donnez-moi la main, je connaîtrai bien si vous dites vrai. Elle n'eut pas plus tôt touché la main de son mari, qu'elle le reconnut, et, refermant vite le guichet, elle s'écrie : Ah, monsieur! c'est votre main. Oui, répliqua le mari fort en colère ; c'est la main qui vous tiendra parole : ainsi, ne manquez pas de venir quand je vous manderai. En disant cela, il s'en retourna, et elle regagna sa chambre, plus morte que vivante. Levez-vous, mes amies, dit-elle tout haut en entrant à ses femmes, levez-vous : vous avez trop dormi pour moi ; j'ai voulu vous tromper, et je me suis trompée moi-même. En achevant, elle tomba évanouie. A ce cri, ses femmes se levèrent, si étonnées de voir leur maîtresse comme morte, et d'entendre ce qu'elle avait dit, que le plus pressé pour elles fut de courir aux remèdes pour tâcher de la faire revenir. Quand elle eut recouvré l'usage de la parole, elle leur dit : Vous voyez aujourd'hui, mes amies, la plus malheureuse créature qu'il y ait au monde. Sur cela, elle leur conta son aventure, les priant de la secourir, car elle se regardait déjà comme une femme morte. Dans le temps que ses femmes se mettaient en devoir de la consoler, il arriva un valet-de-chambre de son mari, qui lui mandait d'aller incontinent le trouver. D'abord, elle embrassa deux de ses femmes, et se mit aussitôt à crier et à pleurer, les priant de ne la laisser point aller, étant bien assurée qu'elle ne reviendrait point. Mais le valet-de-chambre la rassura, et lui dit qu'il répondait sur sa vie qu'elle n'aurait aucun mal. Voyant donc que la résistance était inutile, elle se jeta entre les bras du valet, et lui dit : Puisqu'il le faut, mon ami, portez ce malheureux corps à la mort. Le valet l'emporta demi-évanouie de tristesse. Elle ne fut pas plus tôt dans la chambre de son mari, qu'elle se jeta à ses pieds, et lui dit : Ayez pitié de moi, monsieur ; je vous en supplie, et je vous jure devant Dieu que je vous dirai la vérité de tout. Je prétends bien que vous la disiez, répliqua le mari comme un homme outré de colère ; et là-dessus il fit sortir tout le monde. Comme sa femme lui avait toujours paru fort dévote, il crut qu'elle ne se parjurerait point s'il la faisait jurer sur la croix. Il en fit apporter une fort belle qu'il avait empruntée, et, étant tous deux seuls, il la fit jurer sur cette croix qu'elle lui dirait la vérité sur ce qu'il lui demanderait. Elle, qui avait eu le temps de se recueillir, et qui n'était plus dans les premiers mouvements de la crainte de la mort, reprit courage, et résolut de ne lui rien cacher, mais en même temps de ne rien dire qui pût exposer son amant. Après qu'il eut fait les questions qu'il jugea nécessaires, voici comme elle y répondit :

Je ne veux point me justifier, monsieur, ni diminuer l'amour que j'ai eu pour le gentilhomme qui cause votre jalousie. Quelque chose que je pusse vous dire à cet égard, vous ne pourriez et ne devriez pas le croire après ce qui vient d'arriver; mais je dois vous dire ce qui a donné lieu à cet amour. Jamais femme n'aima tant son mari que je vous aime; et sans les duretés que vous avez eues pour moi, je n'aurais jamais aimé autre que vous. Vous savez qu'étant encore enfant, mes parents voulaient me marier à un homme de plus grande maison que vous; mais jamais ils ne purent m'y faire consentir dès le moment que je vous eus parlé. Je me déclarai pour vous, malgré tout ce qu'ils purent me dire, sans avoir égard à votre pauvreté. Vous savez de quelle manière vous m'avez traitée jusqu'ici. Cela m'a causé tant d'ennui et de déplaisir, que, sans le secours de madame avec laquelle vous m'avez mise, j'aurais presque succombé au désespoir. Mais enfin, me voyant grande et estimée belle de chacun si ce n'est de vous, je commençai à sentir si vivement le tort que vous me faisiez, que l'amour que j'avais pour vous s'est converti en haine, et le désir de vous plaire en celui de me venger. Dans ce désespoir j'eus occasion de voir un prince qui, plus soumis au roi qu'à l'amour, me quitta dans le temps qu'un commerce honnête commençait à me faire sentir des consolations. Après avoir perdu le prince, je trouvai celui-ci, qui n'eut pas la peine de me prier; car il est assez bien fait, assez honnête, et a assez de vertu pour être recherché de toutes les femmes de bon sens. A ma prière, et non à la sienne, il m'a aimée avec tant d'honnêteté, qu'il ne m'a jamais rien demandé qui soit contraire à mon honneur. Quoique le peu d'amour que j'ai sujet d'avoir pour vous me donnât lieu de ne vous pas garder la fidélité matrimoniale, celui que j'ai pour Dieu et pour mon honneur m'a empêchée jusqu'ici de rien faire dont j'aie besoin de me confesser, ou qui puisse me faire appréhender l'infamie. Je ne nie point que, feignant d'aller faire mes oraisons, je ne me sois retirée le plus souvent que j'ai pu dans une garde-robe pour lui parler; car je n'ai confié à personne la conduite de cette intrigue. Je ne nie point aussi, qu'étant en un lieu si retiré, et hors de tout soupçon, je ne l'aie baisé de meilleur cœur que je ne vous baisai jamais. Mais que Dieu ne me fasse jamais miséricorde, si jamais il s'est passé autre chose dans nos tête-à-tête; si jamais il m'a demandé rien de plus, et si mon cœur même a eu dessein de lui accorder autre chose: car j'étais si aise, qu'il ne me semblait pas qu'il y eût au monde de plus grand plaisir. Et vous, monsieur, qui êtes la seule cause de mon malheur, voudriez-vous vous venger d'une action dont il y a si long-temps que vous me donnez l'exemple, avec cette différence que ce que vous avez fait est sans honneur et sans conscience? Vous savez, et je le sais aussi, que celle que vous aimez ne se contente pas de ce que Dieu et la raison commandent. Quoique la loi des hommes condamne à l'infamie les femmes qui en aiment d'autres que leurs maris, la loi de Dieu, plus vénérable et plus auguste mille fois, condamne les hommes qui aiment d'autres femmes que les leurs. S'il faut mettre à la balance la faute que nous avons tous deux commise, vous vous trouverez plus coupable que moi. Vous êtes un homme sage, vous avez de l'expérience et de l'âge pour connaître le mal et le savoir éviter; mais je suis jeune, et n'ai aucune expérience de la force et de la puissance de l'amour. Vous avez une femme qui vous aime et vous chérit plus que sa propre vie; et j'ai un mari qui me hait et me fait des duretés qu'il ne voudrait pas faire à une servante. Vous aimez une femme âgée, maigre, et moins belle que moi; et j'aime un gentilhomme plus jeune que vous, mieux fait et plus aimable que vous. Vous aimez la femme d'un de vos meilleurs amis, et violez d'un côté les devoirs de l'amitié, et contrevenez de l'autre aux égards que vous devez avoir pour tous deux ; et j'aime un gentilhomme qui n'est attaché à rien qu'à l'amour qu'il a pour moi. Jugez sur ce pied-là, monsieur, sans prévention, lequel de nous est le plus condamnable, ou le plus excusable. Je ne crois pas qu'il y ait d'homme sage et entendu qui ne vous donne le tort, considérant que je suis jeune et peu éclairée, méprisée de vous et aimée du gentilhomme de France le mieux fait et le plus honnête, et que je n'aime nonobstant tout cela que parce que je désespère d'être aimée de vous.

A tant de vérités étalées par une belle femme avec tant de grâces et d'assurance, qu'on voyait aisément qu'elle ne croyait mériter aucune punition, le mari se trouva si surpris, qu'il ne sut que lui répondre, sinon que l'honneur d'un homme et d'une femme n'était pas la même chose; que cependant, puisqu'elle jurait qu'il ne s'était rien passé de criminel entre son amant et elle, il n'avait pas résolu de l'en aimer moins; mais qu'il la priait de n'y revenir plus, et d'oublier l'un et l'autre le passé. Elle promit, et le raccommodement étant fait, ils s'en allèrent coucher ensemble.

Le lendemain une vieille demoiselle, qui craignait beaucoup pour la vie de sa maîtresse, vint à son lever, et lui dit. Eh bien, madame! comment vous portez-vous? Il n'y a point, ma mie, répondit-elle en riant, de meilleur mari que le mien; car il m'en a cru à mon serment. Ainsi se passèrent cinq ou six jours. Le mari cependant, ne diminuant rien de ses ombrages, observait de si près sa femme, qu'il la faisait garder la nuit et le jour : mais quelque vigilants que fussent ses argus, ils ne le furent pas assez pour empêcher qu'elle n'entretînt encore son amant dans un lieu obscur et suspect. Toutefois la belle conduisit son affaire si secrètement, que personne n'en a jamais pu savoir la vérité. Ce ne fut qu'un valet qui fit courir le bruit qu'il avait trouvé un gentilhomme avec une demoiselle dans une écurie qui était sous la chambre de la maîtresse de la dame dont il s'agit. La jalousie du mari en augmenta tellement, qu'il résolut de faire assassiner le galant, et assembla pour cette belle expédition grand nombre de parents et d'amis qui devaient l'expédier en cas qu'ils le rencontrassent. Mais le principal des parents était si intime ami de celui dont on minutait la mort, et qu'il faisait chercher, qu'au lieu de le surprendre, il l'avertissait de tout ce qu'on tramait contre lui. Il était fort aimé à la cour, et avait toujours si bonne compagnie, qu'il ne craignait point son ennemi. Aussi ne fut-il point rencontré; mais il alla dans une église où il savait que la maîtresse de celle qu'il aimait, et qui n'avait point entendu parler de ce qui s'était passé; parce qu'il n'avait jamais parlé à la jeune dame devant elle.

Il lui apprit la jalousie du mari, et le dessein qu'il avait fait sur sa vie, et lui dit qu'encore qu'il fût innocent, il était résolu d'aller voyager dans les pays étrangers pour étouffer le bruit qui commençait à devenir grand. La princesse fut fort étonnée d'apprendre une telle nouvelle, et jura que le mari avait grand tort de soupçonner une femme si sage, et en qui elle n'avait rien connu que vertu et honnêteté. Cependant, vu le crédit du mari, et pour faire cesser le bruit, elle lui conseilla de s'éloigner pour quelque temps, l'assurant qu'elle ne croirait jamais ces folies et ces soupçons. Le gentilhomme et sa maîtresse, qui était avec la princesse, furent bien aises que la princesse eût bonne opinion d'eux, et leur promit la continuation de sa bienveillance. Elle conseilla à l'amant de parler au mari avant son départ. Il suivit ce conseil, et, rencontrant le mari dans une galerie près de la chambre du roi, il lui dit d'un visage assuré et avec le respect dû à un homme de son rang : J'ai toute ma vie souhaité, monsieur, de vous rendre service, et j'apprends qu'en récompense vous me faites chercher pour m'ôter la vie. Je vous prie de considérer, monsieur, que vous avez plus de pouvoir et d'autorité que moi; cependant je suis gentilhomme aussi bien que vous, et il me fâcherait fort de donner ma vie *gratis.* Je vous supplie encore de considérer que vous avez une femme de bien; et si quelqu'un veut dire le contraire, je suis prêt à lui dire qu'il en a faussement menti. Pour moi, je ne sache pas avoir rien fait capable de vous donner sujet de me vouloir mal : ainsi, si vous le voulez bien, je demeurerai votre serviteur; ou sinon, je le suis du roi, et j'ai sujet de me contenter. Le mari répondit, qu'à la vérité il l'avait soupçonné ; mais qu'il le croyait si galant homme, qu'il aimait mieux être son ami que son ennemi, et en lui disant adieu, le bonnet à la main, il l'embrassa comme son ami. Vous pouvez penser ce que disaient ceux qui, le soir précédent, avaient eu commission de le tuer, en voyant tant de démonstrations d'estime et d'amitié. Chacun en parlait à sa manière. L'amant partit donc : mais comme il avait moins d'argent que de bonne mine, sa maîtresse lui donna une bague de trois mille écus, qu'il mit en gage pour quinze cents. Quelque temps après son départ, le mari alla voir la princesse de sa femme, et la pria de lui permettre d'aller passer quelques mois avec une de ses sœurs. La princesse, surprise d'une proposition si peu attendue, le pria tant de lui en dire le sujet, qu'il lui en dit une partie. La belle ayant donc pris congé de sa maîtresse et de toute la cour, sans pleurer ni sans montrer le moindre signe de chagrin, s'en alla où son mari voulait l'envoyer, sous la conduite d'un gentilhomme, qui eut ordre exprès de la garder avec soin, et surtout de faire en sorte qu'elle ne parlât en chemin à la personne suspecte. Elle, qui savait les ordres qu'on avait donnés à son égard, leur donnait tous les jours des alarmes, et se moquait de leur vigilance. Le jour qu'elle partit, entre autres, elle rencontra un cordelier à cheval, et l'entretint chemin faisant, montée sur une haquenée, depuis la dînée jusques à la couchée. A une bonne lieue de l'auberge elle lui dit : Voilà, mon père, deux écus que je vous donne pour les consolations que vous m'avez données. Je les ai enveloppés de papier, comme vous voyez, parce que je sais que vous n'oseriez y toucher autrement. Je vous prie de vous en aller au galop à travers les champs incontinent que vous m'aurez quittée. Il ne fut pas plus tôt parti qu'elle dit à ses gens : Vous êtes de bons serviteurs et des gardes bien vigilants qui exécutez en perfection les ordres de votre maître, qui se fie en vous. Celui auquel on vous a tant recommandé de ne me laisser point parler m'a entretenue toute la journée, et vous l'avez laissé faire. Vous mériteriez des coups de bâton, et non pas des gages. Le gentilhomme auquel on avait confié la garde de la belle, entendant cela, en eut tant de dépit qu'il ne put répondre un seul mot. Il prit donc deux hommes avec lui, donna des deux, courut après le cordelier, qui fuyait de son mieux se voyant poursuivi; mais comme ils étaient mieux montés que lui, ils firent tant qu'ils le joignirent. Le bon père, qui ne savait pourquoi on lui donnait ainsi la chasse, cria d'abord miséricorde; et pour la demander avec plus d'humilité, il abattit son chaperon, et demeura la tête nue. Ils connurent par là que ce n'était pas celui qu'ils cherchaient, et que leur maîtresse les avait joués; ce qu'elle fit bien plus cruellement encore à leur retour. C'est bien à vous, leur dit-elle, qu'il faut donner des femmes à garder. Vous les laissez parler sans savoir à qui, et puis, croyant ce qu'elles vous disent, vous allez faire affront aux serviteurs de Dieu.

Après quelques autres plaisanteries de la même force, elle arriva au lieu où son mari l'envoyait, et où ses deux belles-sœurs et le mari d'une d'elles la tenaient fort sujette. Le mari apprit en ce temps-là que sa bague était en gage pour quinze cents écus, et en fut fort chagrin. Pour sauver l'honneur de sa femme et avoir sa bague, il lui fit dire de la retirer, et qu'il paierait les quinze cents écus. Elle, qui ne se souciait pas de la bague puisque l'argent demeurait à son amant, lui écrivit que son mari la contraignait de retirer la bague; et afin qu'il ne crût pas qu'elle l'aimât moins qu'auparavant, elle lui envoya un diamant que sa maîtresse lui avait donné, et qu'elle aimait plus que tous ses autres bijoux. Son amant lui envoya volontiers l'obligation du marchand, bien aise d'avoir eu quinze cents écus, et un diamant, mais surtout d'être assuré que sa maîtresse l'aimait toujours. Tant que le mari vécut, ils demeurèrent éloignés l'un de l'autre et ne purent se parler que par lettres. Le mari étant mort, l'amant, croyant que sa maîtresse avait toujours pour lui les sentiments qu'elle lui avait toujours promis, ne perdit pas de temps à la demander en mariage; mais il trouva que la longue absence lui avait donné un rival, qui était plus aimé que lui. Il en eut tant de chagrin, que, fuyant le commerce des dames, il chercha les périls, et mourut enfin, après s'être autant signalé que jeune homme ait jamais fait.

Ce conte, mesdames, où le sexe n'est pas épargné, fait voir aux maris que les femmes qui ont le cœur grand se laissent plutôt vaincre par la colère et par la vengeance que par les charmes de l'amour. L'héroïne de cette nouvelle résista long-temps à cette douce passion; mais enfin elle s'abandonna à son désespoir. Une femme de bien n'en doit pas faire de même, parce qu'il n'y a point d'excuse à une mauvaise action. Plus on est exposé à faire le mal, plus y a-t-il de vertu à se vaincre et à faire le bien, au lieu de rendre le mal pour le mal; d'autant plutôt que le mal qu'on croit faire à autrui retombe souvent sur celui qui le fait. Heureuses sont celles en qui éclate la vertu de Dieu en chasteté, en douceur et en patience. Il me semble, Longarine, dit Hircan, que la dame dont vous venez de parler a été plus animée de dépit que d'amour; car enfin si elle eût aimé le gentilhomme autant qu'elle en faisait semblant, elle ne l'aurait jamais quitté pour un autre, et partant on la peut nommer dépiteuse, vindicative, opiniâtre et changeante. Vous en parlez bien à votre aise, répondit Émarsuite, mais vous ne savez pas quel crève-cœur c'est d'aimer sans être aimé.

Il est vrai, répliqua Hircan, que je ne l'ai guère éprouvé ; car on ne me saurait faire si peu froide mine que je ne laisse d'abord là et l'amour et la dame. C'est fort bien, dit Parlamente, pour un homme comme vous qui n'aime que son plaisir ; mais une honnête femme ne doit pas laisser son mari. Cependant, repartit Simontault, la belle dont il est question oublia pour quelque temps qu'elle était femme, car un homme n'aurait su se venger avec plus d'éclat Pour une qui n'est pas sage, dit Oysille, il ne faut pas conclure que les autres soient de même. Vous êtes pourtant toutes femmes, répliqua Saffredant, et quelque parées que vous soyez, qui chercherait bien avant sous vos jupes trouverait que vous êtes telles. Qui voudrait vous écouter, dit alors Nomerfide, on passerait la journée à se chicaner. Mais j'ai tant d'impatience d'entendre encore une nouvelle, que je prie Longarine de donner sa voix à quelqu'un. Longarine, jetant alors les yeux sur Guebron, lui dit : Si vous avez quelque histoire à conter de quelque honnête femme, je vous prie de le faire. Puisque vous voulez que je parle, répondit Guebron, je vais vous faire un conte qui est arrivé à Milan.

XVI.

Une Milanaise approuva la hardiesse et le grand courage de son amant, et l'aima depuis de fort bon cœur.

Du temps que le grand-maître de Chaumont était gouverneur de Milan, il y avait une dame qui passait pour une des plus honnêtes femmes de la ville. Elle était veuve d'un comte italien, et demeurait chez ses beaux-frères, ne voulant point entendre parler de secondes noces. Sa conduite était si sage et si réglée, qu'elle était généralement estimée de tous les Français et Italiens

qui étaient dans le duché de Milan. Ses beaux-
frères et belles-sœurs régalant un jour le grand-
maître de Chaumont, la veuve fut contrainte de
s'y trouver; ce qu'elle n'avait pas coutume de
faire, en quelque endroit que se fît le régal. Les
Français ne purent la voir sans louer sa beauté
et sa bonne grâce, et un, entre autres, dont je ne
dirai pas le nom. Il suffira de vous avertir qu'il
n'y a point de Français en Italie qui fût plus digne
d'être aimé, puisque la nature ne lui avait épargné aucune des perfections qui peuvent rendre
un homme aimable. Quoiqu'il vît la veuve en
crêpe noir, séparée de la jeunesse, et retirée
dans un coin avec plusieurs vieilles, comme il
était homme à qui jamais ni homme ni femme
n'avait fait peur, il se mit à l'entretenir, ôta son
masque, et quitta la danse pour avoir sa conversation. Il passa toute la soirée avec elle et les
vieilles de sa compagnie, et y trouva plus de
plaisir qu'il n'aurait fait avec les plus jeunes et

les plus lestes de la cour. Cette conversation le charma si fort, que quand il fallut se retirer, il ne croyait pas avoir eu le loisir de s'asseoir. Quoiqu'il n'entretînt la veuve que de choses communes, et de la portée d'une pareille compagnie, elle ne laissa pas de s'apercevoir qu'il avait envie de faire connaissance avec elle, ce qu'elle résolut si bien d'éviter, que jamais depuis il ne put la voir ni en festin ni en grosse compagnie. Il s'informa de sa manière de vivre, et apprit qu'elle allait souvent aux églises et maisons religieuses. Il mit tant de gens en campagne, qu'elle ne pouvait aller si secrètement dans ces lieux-là, qu'il ne s'y trouvât le premier, et n'y demeurât tant qu'il pouvait la voir. Il profitait si bien du temps, et la regardait de si bon cœur, qu'elle ne pouvait ignorer l'amour qu'il avait pour elle. Pour prévenir ces rencontres, elle résolut de feindre pendant quelque temps d'être malade, et d'entendre la messe chez elle. Le gentilhomme en eut un chagrin extrême ; car il ne pouvait la voir que par ce seul moyen-là. Elle, pensant avoir rompu ses mesures, retourna aux églises comme auparavant. L'amour prit incontinent soin d'en avertir le gentilhomme, qui reprit aussi sa première dévotion. Craignant qu'elle ne fît naître quelque autre obstacle, et qu'il n'eût pas le temps de lui faire savoir ce qu'il sentait pour elle, un matin qu'elle croyait être bien cachée dans une petite chapelle, où elle entendait la messe, il alla se mettre au bout de l'autel ; et, la voyant peu accompagnée, se tourna vers elle dans le temps que le prêtre faisait l'élévation, et lui dit d'une voix douce et pleine d'affection : Je jure, madame, par celui que le prêtre tient, que vous êtes seule la cause de ma mort. Quoique vous m'ôtiez les moyens de vous parler, vous ne pouvez pas ignorer la passion que j'ai pour vous : mes yeux languissants et mon air moribond vous l'ont assez expliquée. La dame, faisant semblant de ne rien entendre, se contenta de lui dire qu'il ne fallait point prendre le nom de Dieu en vain ; mais les dieux, à ce que les poètes disent, se moquent des serments et des mensonges des amants ; ainsi, les femmes qui aiment l'honneur ne doivent être ni crédules ni pitoyables. En disant cela, elle se leva, et s'en retourna chez elle.

Ceux qui ont passé par là croiront sans peine que le gentilhomme fut fort affligé d'une telle réponse. Cependant, comme il ne manquait pas de cœur, il aima mieux une réponse chagrinante que d'avoir manqué l'occasion de lui déclarer son amour. Il fut constant trois ans durant, et ne perdit pas un moment à l'entretenir de son glorieux martyre, et par lettres, et par tous les autres moyens qui se présentaient : mais, durant tout ce temps-là, elle ne lui répondit autre chose sinon qu'elle le fuyait comme le loup fuit le mâtin ; et cela non par aversion qu'elle eût pour lui, mais parce qu'elle craignait d'exposer son honneur et sa réputation. Le gentilhomme sentit si bien que c'était là le nœud de la difficulté, qu'il poussa les affaires plus vivement qu'il n'avait jamais fait. Après bien des peines, des refus et des souffrances, la belle fut touchée de sa constance, eut pitié de lui, et lui accorda enfin ce qu'il avait si long-temps désiré et attendu. Étant convenus des moyens, le gentilhomme ne manqua pas d'aller chez la belle, quelques risques qu'il y eût à courir de la vie, parce qu'elle logeait avec ses parents. Cependant, comme il était aussi fin qu'agréable, il fit sa manœuvre avec tant d'adresse et de prudence, qu'il entra dans sa chambre à l'heure marquée. Il la trouva seule, couchée dans un beau lit. Comme il se pressait de se déshabiller pour se coucher avec elle, il entendit à la porte des gens qui parlaient bas, et des épées dont on ferraillait les murailles. Nous sommes perdus, lui dit alors la belle, plus morte que vive, votre vie et mon honneur sont en grand danger : mes frères vous cherchent pour vous tuer. Cachez-vous sous le lit, je vous prie ; car, ne vous trouvant point, je serai en droit de me plaindre de l'alarme qu'ils m'auront donnée sans sujet. Le gentilhomme, qui n'était pas aisé à épouvanter, lui répondit froidement : Vos frères sont-ils gens à faire peur à un honnête homme? Quand toute leur race serait assemblée, je suis assuré que toute leur troupe n'attendrait pas le quatrième coup de mon épée. Demeurez au lit tranquillement, et me laissez garder la porte. Il mit alors l'épée à la main, s'enveloppa le bras de sa cape, et ouvrit la porte pour voir de plus près les épées dont il entendait le bruit. La porte étant ouverte, il vit que c'étaient deux servantes qui, avec deux épées, lui donnaient cette alarme. Pardonnez-nous, monsieur, lui dirent-elles en le voyant, nous ne faisons ceci que par ordre de notre maîtresse : mais c'est le seul obstacle que nous vous ferons. Le gentilhomme, voyant que c'étaient des femmes, se contenta de leur faire une grosse imprécation, et de leur fermer la porte au nez. Il se coucha auprès de sa maîtresse le plus promptement qu'il lui fût possible. La peur n'avait point diminué son amour, et, sans s'amuser à lui demander la raison de ces escarmouches, il ne songea qu'à satisfaire sa passion. Comme le jour approchait, il lui demanda pourquoi elle avait si long-temps différé son bonheur, et quelle raison elle avait eue de faire faire un tel manége aux servantes? J'avais résolu, répondit-elle en riant, de ne jamais aimer, et j'ai exécuté ma résolution depuis que je suis veuve : mais, dès la première fois que vous me parlâtes, je trouvai tant d'honnêteté en vous, que je changeai d'avis, et commençai, dès lors, à vous aimer autant que vous m'aimiez. Il est vrai que l'honneur, qui a toujours été le principe de ma conduite, ne pouvait consentir que l'amour me fît faire quelque chose qui pût donner atteinte à ma réputation. Mais comme la biche mortellement blessée croit changer son mal en changeant de lieu, de même j'allais d'église en église, pensant fuire celui que je portais dans mon cœur. Vous voyez bien présentement que je vous aimais de la bonne sorte, puisque j'ai trouvé le secret d'accorder l'honneur avec l'amour. Mais pour être bien assurée que je donnais mon cœur à un parfaitement honnête homme, j'ai donné ordre à mes servantes de faire ce qu'elles ont fait. Je puis vous assurer que si vous aviez eu peur jusques à vous cacher sous le lit, mon dessein était de me lever, de passer dans une autre chambre, et de ne vous voir jamais de plus près : mais comme je vous ai trouvé bien fait, de bonne mine, et plein de vertu et d'intrépidité, au-delà même de ce que la renommée m'en avait dit, et que la peur n'a pu vous ébranler, ni refroidir le moins du monde l'amour que vous avez pour moi, j'ai résolu de m'attacher à vous pour le reste de mes jours, persuadée que je ne saurais mettre en de meilleures mains ma vie et mon honneur, que de les confier à l'homme du monde qui a, je crois, le plus de vertu. Comme si la volonté des hommes était immuable, ils se promirent et se jurèrent une chose qui n'était pas en leur pouvoir, je veux dire une amitié perpétuelle, qui ne peut ni naître, ni demeurer dans le cœur des hommes, comme le savent celles qui en ont fait l'expérience, et qui vous diront que ces sortes d'engagements ne sont pas de longue durée.

— Ainsi, mesdames, vous vous donnerez de garde de nous, comme ferait le cerf du chasseur s'il avait de la raison ; car notre félicité, notre gloire et notre intelligence, est de vous voir prises et de vous ôter ce qui doit vous être plus cher que la vie.

Depuis quand, Guebron, dit Hircan, êtes-vous devenu prédicateur? Vous n'avez pas toujours parlé de même.

Il est vrai, répliqua Guebron, que j'ai tenu toute ma vie un tout autre langage : mais comme j'ai les dents faibles, et que je ne puis plus mâcher la venaison, j'avertis les pauvres biches de se donner de garde des veneurs, pour réparer dans ma vieillesse les maux que j'ai faits durant ma jeunesse.

Nous vous remercions, Guebron, repartit Nomerfide, de nous avertir de notre profit; mais nous ne croyons pas vous en être fort obligées, car vous n'avez pas ainsi parlé à celle que vous avez tant aimée ; ainsi, c'est une marque que vous ne nous aimez guère. N'êtes-vous point encore fâché que nous soyons aimées? Nous nous croyons cependant aussi sages et aussi vertueuses que celle que vous avez si long-temps recherchée étant jeune. Mais c'est la vanité ordinaire aux vieillards, qui croient toujours avoir été plus sages que ceux qui viennent après eux.

Quand la tromperie de quelqu'un de vos soupirants, repartit Guebron, vous aura fait connaître la malice des hommes, vous croirez alors, Nomerfide, que je vous aurai dit la vérité.

Il me semble, dit alors Oysille, que le gentilhomme dont vous vantez tant la hardiesse, devrait plutôt être doué de fureur d'amour; passion si violente, qu'elle fait entreprendre aux plus poltrons des choses auxquelles les plus hardis penseraient deux fois.

S'il n'avait pas cru, madame, repartit Saffredant, que les Italiens sont gens à mieux payer de la langue que du bras, il me semble qu'il aurait dû avoir peur.

Oui, reprit Oysille, s'il n'avait pas eu dans le cœur un feu qui dissipe la crainte.

Puisque vous ne trouvez pas la hardiesse de ce gentilhomme assez louable, vous en savez apparemment une autre, dit Hircan, qui vous paraît plus digne de louange.

Il est vrai, répondit Oysille, que celui-ci est louable; mais j'en sais un qui mérite d'être admiré.

Je vous prie donc, reprit Guebron, de prendre ma place, et de nous dire, comme vous nous promettez, quelque chose de grand, et digne d'un homme de grand cœur.

Si un homme a fait voir tant de bravoure contre les Milanais pour sa vie et pour l'honneur de sa maîtresse, et qu'il passe pour si hardi, que ne doit-on point dire, ajouta Oysille, d'une autre qui, sans nécessité, et par pure valeur, a fait le tour que je vais vous conter.

XVII.

Le roi François donna une preuve signalée de sa générosité au comte Guillaume, qui voulait le faire mourir.

Un comte allemand, nommé Guillaume, de la maison de Saxe, dont celle de Savoie est si alliée, que ces deux maisons n'en faisaient anciennement qu'une, vint à Dijon dans le duché de Bourgogne, se mit au service du roi François. Ce comte, qui passait pour un des hommes aussi bien faits et aussi hardis qu'il y eût en Allemagne, fut si favorablement reçu du roi, qu'il le prit non-seulement à son service, mais le tint près de sa personne et de sa chambre.

Le seigneur de la Trimouille, gouverneur de Bourgogne, ancien chevalier, et fidèle serviteur du roi, naturellement soupçonneux et attentif aux intérêts de son maître, avait toujours bon nombre d'espions chez les ennemis pour découvrir leurs intrigues, et se conduisait avec tant de prudence, que peu de chose lui échappait. On lui écrivit un jour, entre autres choses, que le comte Guillaume avait déjà touché quelques sommes d'argent, avec promesse d'en recevoir de plus grandes, pourvu qu'il fît mourir le roi de quelque manière que ce pût être. Le seigneur de la Trimouille ne manqua pas d'en donner avis au roi, et n'en fit pas un mystère à madame Louise de Savoie, sa mère, qui, oubliant qu'elle était alliée de l'Allemand, pria le roi de le chasser incontinent. Le roi, au lieu de chasser le comte, pria madame Louise de n'en point parler, disant qu'il était impossible qu'un si honnête homme fît une si vilaine action.

Quelque temps après, on reçut encore un second avis confirmatif du premier. Le gouverneur, tout de feu pour la conservation de son maître, lui demanda la permission, ou de le chasser, ou d'y donner ordre ; mais le roi lui commanda de ne faire semblant de rien, ne doutant pas d'en savoir la vérité par quelque autre moyen.

Un jour que le roi allait à la chasse, il prit pour toutes armes une parfaitement bonne épée, mena le comte Guillaume avec lui, et lui commanda de le suivre le premier et de près.

Après avoir couru le cerf durant quelque temps, voyant ses gens éloignés, et se trouvant seul avec le comte, il se détourna du chemin. Quand ils furent bien avant dans la forêt, le roi tira son épée, et dit au comte : N'est-il pas vrai que cette épée est belle et bonne ? Le comte, la prenant par le bout, répondit qu'il n'en avait point vu qui lui parût meilleure. Vous avez raison, répliqua le roi; et il me semble que, si quelqu'un avait fait dessein de me tuer, et qu'il connût la force de mon bras, la bonté de mon cœur et de cette épée, il y penserait deux fois avant de m'attaquer. Cependant je le regarderais comme un grand scélérat si, étant tête à tête, et sans témoin, il n'osait exécuter son dessein. Le dessein serait bien scélérat, sire, répondit le comte bien étonné; mais l'exécution serait encore plus scélérate et plus folle. Le roi remit en riant son épée dans le fourreau; et, entendant le bruit de la chasse près de lui, il piqua de ce côté-là le plus promptement qu'il put.

Quand il eut rejoint ses gens, il ne dit pas un mot de ce qui s'était passé, persuadé que le comte Guillaume, quelque vigoureux et dispos qu'il fût, n'était pas homme à faire un coup si déterminé. Cependant le comte, ne doutant pas qu'il ne fût suspect, et craignant d'être découvert, alla dès le lendemain trouver Robertet, secrétaire des finances, et lui dit qu'ayant pensé aux bienfaits et appointements que le roi lui avait proposés pour demeurer à son service, il trouvait qu'il n'y en avait pas pour l'entretenir la moitié de l'année, et que, s'il ne plaisait pas à sa majesté de lui faire donner le double, il serait contraint de se retirer, priant Robertet de savoir sur cela la volonté du roi le plus tôt qu'il pourrait. Robertet répondit qu'il ne saurait faire plus de diligence que d'aller sur-le-champ en parler au roi; commission qu'il prit d'autant plus volontiers, qu'il avait vu les avis que la Trimouille avait donnés. Le roi ne fut pas plus tôt éveillé que Robertet fit son compliment en présence de M. de la Trimouille et de l'amiral de Bonnivet, qui ne savaient pas ce que le roi avait fait. Vous avez envie, dit le roi, de chasser le comte Guillaume; et vous voyez qu'il se chasse soi-même. Ainsi vous lui direz que s'il n'est pas content de ce que j'ai fait pour lui lorsqu'il est entré à mon service, ce que quantité de gens de bonne maison s'estimeraient heureux d'avoir, il peut chercher mieux ailleurs. Bien loin de vouloir l'en empêcher, je serai bien aise qu'il trouve un aussi bon parti qu'il le mérite. Robertet fut aussi diligent à porter cette réponse au comte, qu'il l'avait été d'en faire la proposition au roi. Puisqu'il est ainsi, dit le comte, il faut donc se retirer. Comme la peur le pressait de partir, vingt-quatre heures suffirent pour faire le reste. Il prit congé du roi comme sa majesté se mettait à table, feignant un sensible regret de ce que la nécessité le privait de sa présence. Il prit aussi congé de la mère du roi, qui le lui donna avec la même joie qu'elle l'avait reçu comme parent et ami. Ainsi le comte se retira chez lui. Le roi, voyant que sa mère et ses serviteurs étaient surpris d'un départ si précipité, leur apprit l'alarme qu'il avait donnée au comte, ajoutant qu'encore qu'il fût innocent de ce qu'on lui imputait, il avait eu néanmoins assez de peur pour s'éloigner d'un maître dont il ne connaissait pas encore le tempérament.

Je ne vois point de raison, mesdames, qui pût obliger le roi à exposer ainsi sa personne contre un homme si estimé, si ce n'est que par pure grandeur d'âme il voulût quitter la compagnie et les lieux, où les rois ne trouvent point d'inférieurs qui leur présentent le combat, pour se rendre égal à un homme qu'il prenait pour son ennemi, et pour éprouver en personne sa hardiesse et son grand courage. Il avait sans contredit raison, dit Parlamente, car les louanges de tous les hommes ne satisfont pas un grand cœur, comme l'expérience qu'il fait des vertus que Dieu a mises en lui. Il y a long-temps, dit Guebron, que les poètes ont chanté qu'on ne peut parvenir au temple de la renommée sans passer par celui de la vertu. Comme je connais les deux personnes dont vous avez fait le conte, je sais fort bien que le roi est l'homme le plus hardi de son royaume. Quand le comte Guillaume vint en France, reprit Hircan, j'aurais eu plus de peur de son épée, que de celle des plus braves Italiens qui étaient alors à la cour. Vous savez bien, répondit Émarsuite, que le roi est si estimé, que toutes les louanges que nous pourrions lui donner seraient fort au-dessous de son mérite, et que la journée serait passée avant que chacun en eût dit ce qu'il en croit. Ainsi, madame, donnez votre voix à quelqu'un qui dise encore du bien des hommes, s'il y en a à dire. Il me semble, dit Oysille à Hircan, qu'il vous est si ordinaire de dire du mal des femmes, que vous n'aurez pas de peine à nous dire du bien des hommes : c'est pourquoi je vous donne ma voix. Il me sera d'autant plus aisé, repartit Hircan, qu'il n'y a que peu de temps qu'on m'a fait un conte à la louange d'un gentilhomme, dont l'amour, la fermeté et la patience sont si louables, que je n'en dois pas laisser perdre la mémoire.

XVIII.

Une jeune dame éprouve la fidélité d'un jeune écolier son amant, avant que de lui laisser prendre avantage sur son honneur.

―――

Il y avait dans une des bonnes villes de France un seigneur de bonne maison qui était aux écoles, désirant d'acquérir la science qui acquiert aux honnêtes gens l'honneur et la vertu. Quoiqu'il fût déjà si savant, qu'à l'âge de dix-sept à dix-huit ans il semblait qu'il fût la science et l'exemple des autres, l'amour ne laissa pas néanmoins de lui faire encore d'autres leçons. Pour se faire mieux écouter et mieux recevoir, il se cacha sous le visage et dans les yeux de la plus belle dame du pays, qu'un procès avait amenée en ville. Avant que l'amour se servît des charmes de cette belle pour soumettre ce jeune seigneur à son empire, il avait gagné le cœur de la dame, en lui faisant voir les perfections du gentilhomme, qui, pour la bonne mine, les agréments, le bon sens et le beau parler, n'avait personne qui le surpassât.

Vous qui savez combien ce feu fait de chemin en peu de temps, dès qu'une fois il commence à brûler les faubourgs d'un cœur, vous jugerez sans peine que l'amour ne tarda guère à se rendre maître de deux sujets si accomplis, et à les remplir tellement de lumière, que leur pensée, leur volonté, leur parole n'étaient que flamme de cet amour, qui, avec la jeunesse, mère de la crainte, lui faisait pousser les affaires le plus doucement qu'il lui était possible. Mais il n'était pas nécessaire de faire violence à la belle, puisque l'amour en avait déjà fait la conquête. Cependant la pudeur, compagne inséparable des dames, l'obligea de cacher le plus long-temps qu'elle put les sentiments de son cœur. Mais enfin la citadelle de l'honneur, je veux dire le cœur, fût ruinée de telle sorte, que la pauvre dame donna son consentement aux choses auxquelles elle n'avait jamais refusé de consentir. Cependant, pour éprouver la patience, la fermeté et la passion de son amant, elle ne se rendit qu'à une condition pour lui; et, moyennant qu'il remplît la condition, elle l'assura de l'aimer toujours très-parfaitement, mais que s'il y manquait, elle ferait tout le contraire. La condition était qu'elle voulait bien lui parler tous deux couchés en chemise dans le même lit, et qu'il ne lui demanderait que des baisers et des paroles. Lui, qui croyait qu'il n'y avait point de joie comparable à celle qu'elle lui offrait, ne balança point à promettre. Le soir venu, on fit ce qu'on avait arrêté. Elle eut beau le caresser, il ne voulut jamais fausser sa parole, quelques mouvements que la nature lui fît sentir. Quoiqu'il fût bien persuadé que sa peine n'avait rien de moins que celle du purgatoire, son amour était si grand, et son espérance si forte, que, comptant sur la perpétuelle amitié qui lui coûtait tant à acquérir, il triompha par sa patience, et se leva d'auprès d'elle tout tel qu'il s'y était couché. La belle, à mon avis, plus étonnée que contente d'une si grande retenue, alla se mettre en tête, ou que son amour était moins grand qu'il ne disait, ou qu'il n'avait pas trouvé en elle tout le bien qu'il avait cru, comptant pour rien l'honnêteté, la patience et la religieuse fidélité de son amant. Elle résolut donc, avant que de se rendre, d'éprouver encore une fois l'amour qu'il disait avoir. Pour cet effet, elle le pria de galantiser une fille qu'elle avait à son service, belle et bien plus jeune qu'elle, afin que, le voyant venir si souvent chez elle, on crût qu'il y venait pour sa demoiselle, et non pas pour elle. Le jeune seigneur, bien persuadé qu'il avait donné de l'amour autant qu'il en avait reçu, fit tout ce qu'on exigeait de lui, et en conta à cette fille à la sollicitation de sa maîtresse. La jeune fille, le voyant bien fait et bon parleur, prit ce qu'il lui dit pour argent comptant, et l'aima comme si elle en avait été bien aimée. La maîtresse, voyant qu'on en était venu si avant, et que son amant ne laissait pas néanmoins de la sommer de sa parole; considérant d'ailleurs, qu'après avoir mis à d'assez fortes épreuves l'amour qu'il avait pour elle, il était juste enfin de récompenser sa constance et sa soumission, elle lui permit de la venir voir une heure après minuit. Si cet amant passionné eut de la joie, et s'il fut ponctuel à se trouver au rendez-vous, cela s'en va sans dire. La belle, pour éprouver tout de nouveau la violence de son amour, dit à sa demoiselle : Je sais l'amour qu'un tel seigneur a pour vous, et je sais aussi que vous n'en avez pas moins pour lui. J'entre tellement dans vos intérêts, que j'ai résolu de vous faciliter à l'un et à l'autre une longue conversation, où vous puissiez vous entretenir à votre aise. La demoiselle fut si transportée, qu'elle ne put lui déguiser sa passion. Suivant donc le conseil de sa maîtresse, et pour lui obéir, elle se coucha dans un beau lit, seule et unique dans la chambre, dont la dame laissa la porte ouverte, après avoir allumé des flambeaux pour faire mieux remarquer la beauté de la demoiselle. Ensuite elle fit semblant de s'en aller, et se cacha si bien auprès du lit, qu'il n'était guère possible de la voir. L'amant, croyant la trouver comme elle lui avait promis, entra à l'heure marquée le plus doucement qu'il put. Après avoir fermé la porte, et s'être déshabillé, il se mit au lit pensant y trouver ce qu'il désirait. A peine eut-il avancé les bras pour embrasser celle qu'il prenait pour sa maîtresse, que la pauvre fille, qui le croyait tout à elle, lui porta les siens au cou, et lui parla avec tant d'affection, et avec un vermillon qui lui donnait tant de grâce, qu'il n'y a point de saint ermite qui n'en eût perdu ses patenôtres. Mais, la reconnaissant à la vue et à la voix, l'amour qui l'avait fait coucher avec tant de diligence le fit lever bien plus vite qu'il ne s'était couché, dès qu'il reconnut que ce n'était pas celle qui l'avait tant fait souffrir. Pestant donc, et contre la maîtresse, et contre la demoiselle : Votre folie, dit-il à celle-ci, et la malice de celle qui vous a fait mettre là, ne sauraient me rendre autre que je suis. Tâchez à être femme de bien, car ce ne sera pas moi qui vous en empêcherai. Et en disant cela, il sortit en très-grosse colère, et fut long-temps sans revenir voir sa maîtresse.

Cependant l'amour, qui n'est jamais sans espérance, lui représenta que plus sa constance était grande et connue par tant d'expériences, plus la jouissance serait-elle longue et heureuse. La dame, qui avait tout entendu, fut si contente et si surprise de l'excès et de la solidité de son amour, qu'elle eut de l'impatience de le revoir, pour lui faire réparation des maux qu'elle lui avait fait souffrir pour éprouver son amour. D'abord qu'elle le vit, elle lui parla si honnêtement et avec tant de tendresse, que non-seulement il oublia tout ce qu'il avait souffert, mais même s'en félicita, voyant qu'on en faisait honneur à sa constance, et qu'on en demeurait convaincu de son parfait amour. Il ne lui arriva depuis aucun contre-temps; ses travaux et son amour furent couronnés, et il eut de la belle tout ce qu'il pouvait souhaiter.

Trouvez-moi, je vous prie, mesdames, une femme qui ait eu en amour la même fermeté, la même patience et la même fidélité. Ceux qui ont été exposés à de pareilles tentations trouvent bien petites en comparaison celles que la peinture donne à saint Antoine. Car qui peut être chaste et patient avec la beauté, l'amour, le temps et le loisir des femmes, peut compter qu'il aura assez de vertu pour vaincre tous les diables ensemble. C'est dommage, dit Oysille, qu'il ne s'adressât à une femme aussi vertueuse que lui. C'eût été l'amour le plus honnête et le plus parfait dont on ait jamais entendu parler. Dites-moi, je vous prie, dit Guebron, lequel des deux vous trouvez le plus difficile? Il me semble, dit Parlamente, que c'est le dernier; car le dépit et la colère est la plus terrible de toutes les tentations. Longarine dit qu'elle croyait que ce fut le premier, parce que, pour tenir sa parole, il avait à vaincre l'amour et soi-même. Vous en parlez bien à votre aise, répondit Simontault : mais nous, qui savons ce que la chose vaut, en devons dire notre avis. Pour moi, je dis qu'il fut fou la première fois, et la dernière sot. Je crois qu'en tenant parole à sa maîtresse, elle en souffrait autant ou plus que lui. Elle n'exigeait cette parole de lui que pour faire plus la femme de bien qu'elle n'était, car elle n'ignorait pas qu'il n'y a ni commandement, ni serment, ni rien au monde qui puisse arrêter les mouvements d'un amour violent. Elle était bien aise de couvrir son vice d'une apparence de vertu, et faire accroire qu'elle n'était accessible qu'à une vertu héroïque. Il fut sot la seconde fois de laisser celle qui l'aimait, et qui valait mieux que l'autre, ayant surtout une aussi bonne excuse que le dépit dont il était outré. Je dis tout le contraire, interrompit Dagoucin. La première fois, il parut ferme, patient et homme de parole, la seconde, fidèle et aimant en perfection. Et que sait-on, dit Saffredant, s'il n'était point de ceux qu'un chapitre nomme *de frigidis et maleficiatis?* Mais pour qu'il ne manquât rien à l'éloge de ce héros, Hircan aurait dû nous dire, s'il fit son devoir quand il eut ce qu'il demandait. On aurait alors jugé sans peine s'il fut sage par vertu ou par impuissance. Vous pouvez croire, répliqua Hircan, que si l'on me l'avait dit, je ne l'aurais pas plus caché que le reste : mais connaissant, comme je sais, l'homme et sa complexion, j'attribue son action à la force de son amour, et nullement à l'impuissance et à la froideur. Si cela est, reprit Saffredant, il devait se moquer de sa parole. Si la belle s'en était offensée, il n'y aurait pas eu grand'peine à l'apaiser. Mais, repartit Émarsuite, peut-être qu'alors elle ne l'aurait pas voulu. Belle raison ! dit Saffredant ; n'était-il pas assez fort pour la forcer, puisqu'elle lui avait donné camp? Vertubleu ! dit Nomerfide, comme vous y allez ! Est-ce ainsi qu'il faut acquérir la bienveillance d'une femme qu'on croit sage et honnête? Il me semble, reprit Saffredant, que l'on ne saurait faire plus d'honneur à une femme de qui l'on veut quelque chose de pareil, que de la prendre par force ; car il n'y a si petite demoiselle qui ne soit bien aise de se faire long-temps prier. Il y en a d'autres qu'on ne peut gagner qu'à force de présents. D'autres sont si bêtes, qu'elles ne sont presque prenables par aucun côté. Avec celles-là, il ne faut penser qu'à chercher des moyens. Mais quand on a affaire à une prude, si sage qu'on ne peut la tromper, et si bonne qu'on ne peut en venir à bout, ni par paroles, ni par présents, n'est-il pas juste de chercher tous les moyens possibles pour l'emporter? Quand vous entendez dire qu'un homme a forcé une femme, concluez qu'elle ne lui avait laissé que ce seul moyen d'en venir à bout, et n'ayez pas moins d'estime pour un homme qui a exposé sa vie pour satisfaire à son amour. J'ai vu autrefois, dit Guebron en riant, assiéger et prendre des places par force, parce qu'il n'y avait pas moyen de faire venir les gouverneurs à composition, ni par argent, ni par menaces ; car on dit que place qui parlemente est à demi rendue. Il semble, dit Émarsuite, que l'amour ne soit fondé que sur ces folies. Il y a bien des gens qui ont constamment aimé avec d'autres intentions. Si vous savez quelque histoire là-dessus, dit Hircan, dites-la; je vous donne ma voix. J'en sais une, répondit Parlamente, que je dirai bien volontiers.

FIN DU PREMIER VOLUME.

TABLE

DU PREMIER VOLUME.

                                                Pag.

Notice sur Marguerite de Valois, reine de Navarre.   5

Introduction.   21

I. — Une femme d'Alençon ayant deux amants, l'un pour le plaisir et l'autre pour le profit, fit tuer celui des deux qui s'aperçut le premier de ses galanteries, et obtint sa grâce et celle de son mari, qui était en fuite. Le mari, pour sauver quelque argent, s'adressa depuis à un négromancien. La chose fut découverte et punie.   47

II. — Triste et chaste mort de la femme d'un des muletiers de la reine de Navarre.   65

III. — Un roi de Naples, ayant abusé de la femme d'un gentilhomme, porte enfin lui-même les cornes.   75

IV. — Téméraire entreprise d'un gentilhomme contre une princesse de Flandre, et la honte qu'il en reçut.   89

Pag.

V. — Une batelière échappa à deux cordeliers qui voulaient la forcer, et fit si bien que leur crime fut su de tout le monde. 105

VI. — Stratagème d'une femme qui fit évader son galant, lorsque son mari, qui était borgne, croyait le surprendre avec elle. 113

VII. — Un marchand de Paris trompa la mère de sa maîtresse pour lui cacher ses amours. 121

VIII. — D'un homme qui, ayant couché avec sa femme, pensant coucher avec sa servante, y envoya son voisin, qui le fit cocu sans que sa femme en sût rien. 127

IX. — Mort déplorable d'un gentilhomme amoureux, pour avoir su trop tard qu'il était aimé de sa maîtresse. 141

X. — Les amours d'Amadour et de Florinde, où l'on voit plusieurs ruses et dissimulations, et l'exemplaire chasteté de Florinde. 155

SECONDE JOURNÉE. 229

XI. — Fragments facétieux des sermons d'un cordelier. 231

XII. — Ce qui arriva à un duc, et son impudence pour parvenir à ses fins, avec la juste punition de sa mauvaise volonté. 239

XIII. — Un capitaine de galère devient amoureux d'une dame dévote, et, pour gagner sa confiance et s'en faire aimer, il prend l'extérieur de dévotion; et ce qui en arriva. 257

XIV. — Subtilité d'un amant qui, sous le nom de véritable ami, trouva moyen de se récompenser de ses travaux passés. 283

XV. — Une dame de la cour, se voyant méprisée de son mari, qui aimait ailleurs, lui rendit la pareille, et aima de son côté. 299

XVI. — Une Milanaise approuva la hardiesse et le grand courage de son amant, et l'aima depuis de fort bon cœur. 331

XVII. — Le roi François donna une preuve signalée de sa générosité au comte Guillaume, qui voulait le faire mourir. 345

XVIII. — Une jeune dame éprouve la fidélité d'un jeune écolier son amant, avant que de lui laisser prendre avantage sur son honneur. 355

FIN.

www.ingramcontent.com/pod-product-compliance
Lightning Source LLC
Chambersburg PA
CBHW070443170426
43201CB00010B/1198